"Armenian Ashoughs" Series

Volume 1

ՇԵՐԱՄ

Երգեր նոտաներով
հայերեն և տրանսլիտերացված անգլերեն տեքստերով

SHERAM

Songs with music notation
in Armenian and transliterated English lyrics

DUDUK HOUSE

2022

Sheram. Songs With Music Notation In Armenian And Transliterated English Lyrics.

Armenian Ashoughs Series.

Volume I.

Copyright © 2022 by Dudukhouse, Inc.

No part of this publication may be reproduced, stored in or introduced into a retrieval system, or transmitted, in any form, or by any means (electronic, mechanical, photocopying, recording, or otherwise), without the prior permission of the publisher. Requests for permission should be directed to hello@dudukhouse.com.

ISBN 978-1-7779990-2-5

Without roots, trees cannot grow

The project aims to preserve the legacy of Armenian traditional music.

Sheram

DUDUK HOUSE

2022

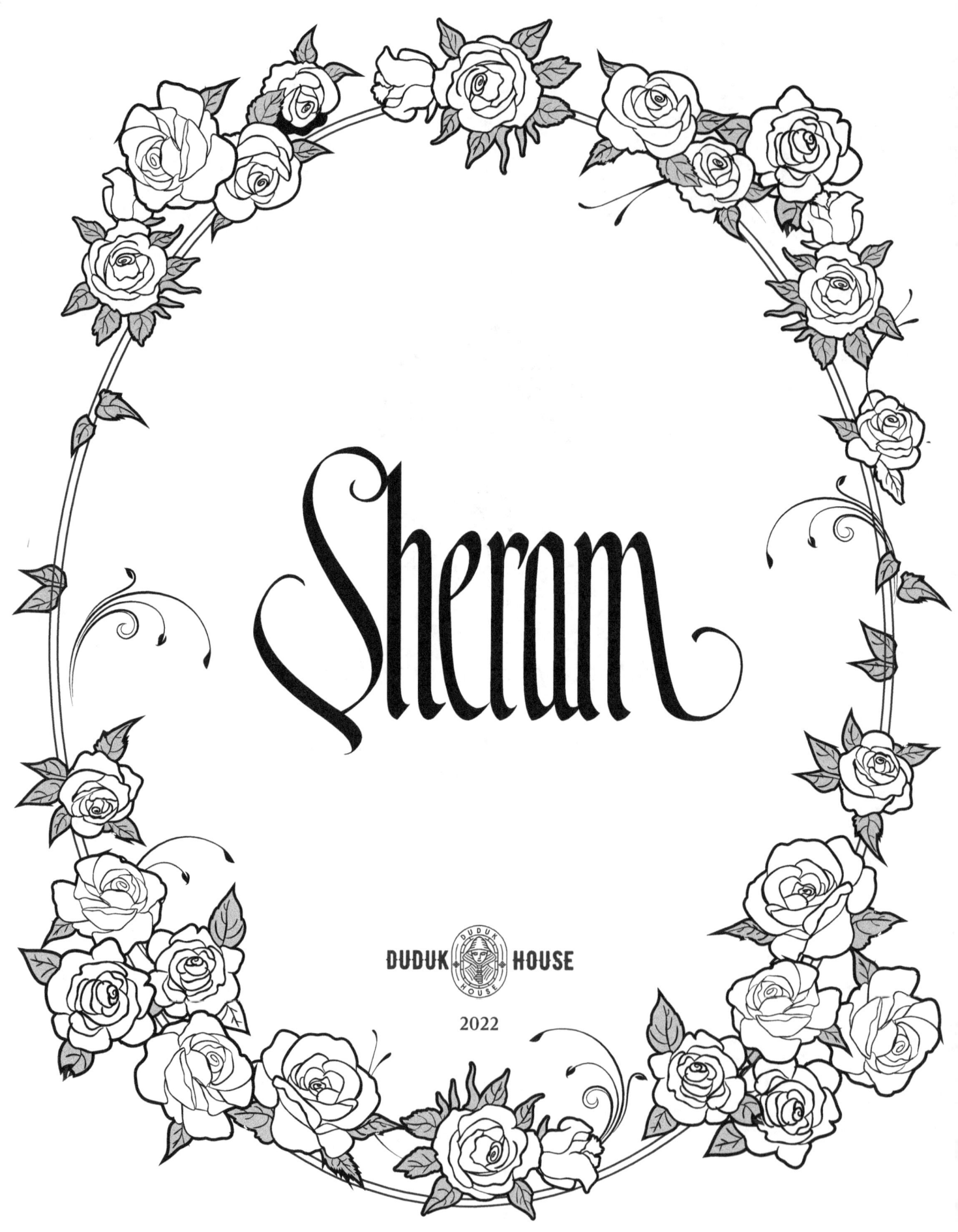

DUDUK HOUSE

2022

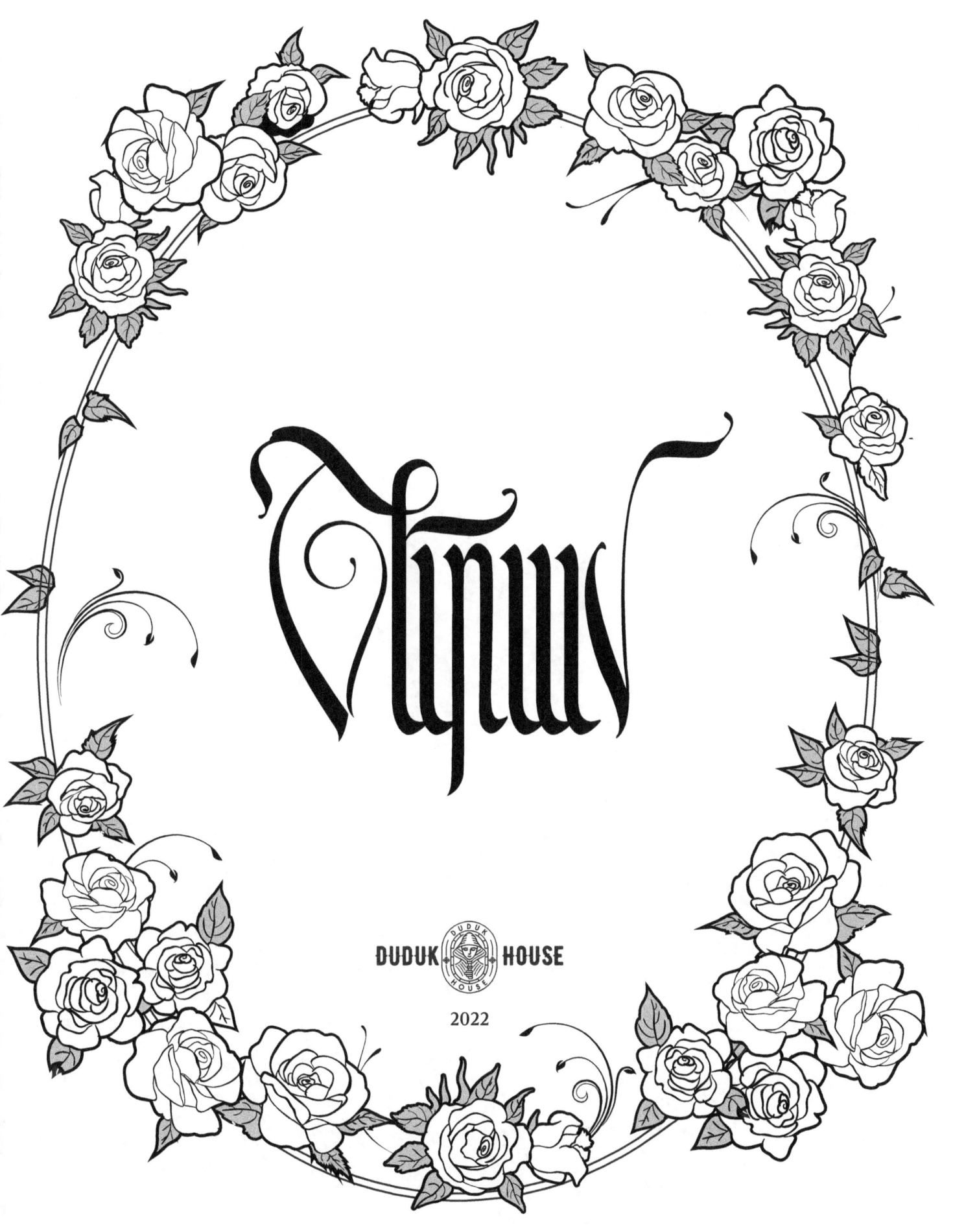

1857 - 1938

FROM THE PUBLISHER

It is with great pleasure that we announce the publication of one of Armenia's most important ashoughs' works in transliterated English for the first time in history.

Outside of Armenia, it can be difficult or nearly impossible to find music notation on the internet or in a bookstore, especially when it comes to Armenian ashough music. Typically, popular songs are learned by ear from references to performances by famous musicians. This publication fills a void for those seeking a reference to music notation for Sheram's songs.

The book consists of five chapters: Love Songs, From the Sad Past, Satirical, Dances and Appendix. All of the songs in the first four chapters of this book were transcribed by Sheram's son, composer Vardges Talyan circa 1948. Several songs are also available in transcriptions by another scholar, musicologist Aram Kocharyan.

As you perform the songs from this book, you may notice that the melodies of some songs will slightly differ from the versions you might have heard. It is due to the fact that the population has learned Sherams' songs by listening to singers (such as the great Araksya Gyulzadyan), rather than by studying music transcriptions. Thus, some melodic line modifications may have occurred as the melodies passed through generations. We have therefore asked composer Grigor Arakelyan to transcribe some of Sheram's most popular songs, performed by two of Sheram's greatest interpreters - Araksya Gyulzadyan and Ofelia Hambardzumyan.

Furthermore, this is the first time that Sheram's songs have been translated into English for non-Armenian audiences. To provide the reader with a deeper understanding of Sheram's ability as a poet of love, approximately thirty love songs have been transformed into poetry. To preserve the language of the original poetry, we have given up rhymes in the translation.

A great deal of Sheram's lyrics have been composed in the Alexandropol (Gyumri) dialect of Armenian language. A comprehensive dictionary of these words is included at the end of the book to help Armenian readers who are unfamiliar with this dialect fully comprehend the songs.

The transcriptions in this book and existing recordings will provide researchers with ample material for exploring Armenian ashough music further, making Armenian folk music known to a wider audience, and preserving it for future generations.

Armen Matosyan

TO THE UNFORGETTABLE MEMORY OF THE POET-SINGER SHERAM
Avetik Isahakyan's introduction to the first edition (1948)

Alexandropol (Leninakan[1]) is considered a city of ashughs. My teenage years were spent counting at least thirty ashughs, or folk singers, who were quite famous all over town. Their songs and music were part of celebrations, engagement parties, weddings, and feasts throughout the city. Local ashughs even had their own cafe where they would sing and play in front of spectators. There were also other cafes where ashugh-singers from abroad regularly gathered to compete. Thus, Alexandropol created a unique ashugh atmosphere with its traditions and customs.

The youngest and most recent of the ashugh-singers of Alexandropol was the ashugh-composer Grigor Talyan, or Usta[2] Gokor. He descended from well-respected and loved musical family and was later known as the famous and beloved singer Sheram, named by the great poet Hovhannes Hovhannisyan.

Young Grigor Talyan was born and raised in that ashugh atmosphere. He learned from old masters and became proficient in ashugh art and lyrics. He was still very young when he made a name for himself and won the love of the public. He was a master tar player and an emotional singer—he lived in his music and songs. His art was heartwarming—everyone around listening to his music lived with him in that touching beauty.

For the People of Alexandropol, Sheram was the joy and splendor of parties. With the playing of his tar, his heartfelt voice, and his love songs about jealousy, longing, and sorrow, Sheram drove the passionate youth crazy. He filled many of the young people with ambitions of love, and filled many more with poetic sadness. They eagerly awaited his new songs, and, because Sheram's creative talent was surprisingly fruitful and inexhaustible, they never waited long.

In their eyes, there was no other ashugh-singer equal to Sheram. If the residents were traveling to another city like Yerevan, or Tbilisi (Georgia) and listening to other famous ashughs, they would have remembered Sheram with nostalgia.

I remember hearing about Sheram from my youth. "Dying is nothing, but if we can't listen to Gokor. That's the pain … "," Listening to Gokor is life, it is happiness"," Our Gokor will light a fire in a person without a heart ".

I know that the sweet name of Usta Gokor still lives on in the hearts of the people of Alexandropol alive today, because he has beautified and poetized their youthful days. Even after the October Revolution, in our Soviet world, Sheram's old songs live together with his new songs. Even now, his lovely songs are heard on the stage and on the radio, which, as in the old days, move our people, make them happy and excited.

Let the heartfelt songs of my dear, old friend, my youth friend, Ashugh Gokor, be heard for many, many years.

May his lyre never be forgotten.

Avetik Isahakyan
Full member of the Academy of Sciences of the Armenian SSR

---

[1] Previous names of the city of Gyumri.

[2] Usta = Master, a respectful title given to people who mastered their art (e.g. musicians, artists, craftsmen) etc.

TWO WORDS

Garegin Levonyan's preface to the first edition (1948)

Poet, singer and musician Grigor Talyan (Ashugh Sheram) is one of the lucky authors whose songs are published in a complete collection with notation of their melodies.

This is the first case, and it is significant in Armenian ashough literature. Since the 1850's, our philology has been sufficiently engaged in collecting, studying and publishing ashugh songs and melodies.

Some of our musicologists have only transiently written down or recorded a few songs of famous troubadours. Many have been kept in drawers or oddly published in various editions.

At present, the notation of all these songs of Sheram belongs to his son, composer Vardges Talyan. We were assigned only to edit the texts of the songs. However, we faced a problem in that regard; it is difficult to approach the lyrics of Sheram's songs as mere verses, because they are organically connected with their melodies. The author invented his songs-melodies together, while "holding his tar on his chest". He adapted his lyrics to the melody, often ignoring the basic rules of syllable-rhyme. Another musician-poet in 18th century Constantinople wrote in a similar fashion. It was Baghdasar Dpir. He also wrote his songs by adapting them to the melodies, or, as he said, to the sounds. The poet wrote in his notes that his songs are such that the words are built on color, not the color on the words. That's why you have to see the color first and then hear the words, so that it will be delicious to listen to." Baghdasar wanted his poems to be sung strictly with the melody it has been written for.

Sheram is a great master and talented in composing melodies. None of his contemporaries have composed as many beautiful melodies—melodies excite the emotions with their bright eastern colors. The Sheram-poet is greatly diminished by Sheram-musician. Undoubtedly, he is a musician first, then a poet. However, in his poems we also see his great mastery. We hope that our musicologists will work professionally with the musical heritage left by the author and will study that heritage in detail.

Years ago, many of our famous musicians such as A. Spendiaryan, Komitas, K. Kushnaryan, A. Ter-Ghevondyan and others became interested in Sheram's songs and even transcriber a few of his songs.

We also know that in the Romanos Melikyan Music School's Research Department, musicologist Aram Kocharyan personally transcribed all his songs from Sheram and prepared a special scientific work.

BIOGRAPHY

Grigor Talyan (Ashugh Sheram) was born in 1857 in Alexandropol (Leninakan). His grandfather was the ashugh Kyamili and his cousin was Mkrtich Talyan - the ashugh Jamali. The latter was married to Jivani, a young ashugh who had just arrived from Akhalkalaki province. Sheram's and Jamali's fathers, Karapet and Hovhannes Talyan's, were brothers. They ran a large cafe in the city since the 1860s, called Ghaifa. It was the central gathering place for all local master ashughs and music performances took place almost every evening. Grigor listened to the ashughs a lot in his childhood and was impressed. At the age of ten, due to the death of his father, he left his primary education, entered a carpenter's workshop and practiced carpentry until he was twenty-two years old. In 1872, he set the hatchet aside and took up the tar that he had made for himself.

However, Grigor did not follow the path of Jivani and Jamali. That is, he did not become an ashugh in the traditional sense of the word. Instead, he became a singer-instrumentalist and the author of love poems, who did not participate in the performances of professional ashughs, competitions, or cafe life. He formed his own musical ensemble with his friends playing chianur[3] and cymbals and started performing at public and family gatherings and parties. Grigor Talyan with his lively, emotional songs and masterful playing or "Usta Gokor, known by the citizens, gradually created fame around his name, and became a favorite in regions outside his city. He and his ensemble were invited to city clubs to regularly perform at parties and to give artistic pleasure to a music-loving population. He was invited to Kars, Etchmiadzin, Yerevan to perform at public parties and make his song and music heard.

In 1913, Talyan went to Astrakhan, Russia after being invited to take part in a festive party organized on the occasion of the 1500th anniversary of the invention of the Armenian alphabet.

In 1914, the Armenian Cultural Society organized a big ethnographic party in Baku. Grigor Talyan, who was invited to take part in that party, performed his song and music, leaving a great impression on the listeners. Poet Hovhannes Hovhannisyan, hearing the master perform his "smooth-like-silk" songs, called him "Ashugh Sheram[4]".

In 1916, our master moved to Tbilisi (Georgia), where he was warmly welcomed by the people of Alexandropol origin and the Armenian music lovers in general. In 1922, on the occasion of the 35th anniversary of his activity, a literary-artistic party was organized, where the ashough himself performed his latest songs, others spoke with a word of respect, and the author's poems were read. In 1926, Sheram returned to his hometown of Leninakan, where the 40th anniversary of his activity was solemnly celebrated, with the participation of a choir, an orchestra, and a troupe of ashough singers and artists.

In 1935, our master took his beloved and inseparable tar and moved to Yerevan to settle in the capital of Armenia forever. Despite his respectable 78-year-old height, he seemed to have not lost his energy and vivacity to continue his singing and music. He was granted a pension by the Armenian government, then he became a member of the Soviet Writers' Union. The Radio Committee of Armenia very often translated Sheram's songs, communicating them to the entire population of Armenia. However the master's physique was not up to par with his mental strength. He was diagnosed with incurable cancer and died on July 3, 1938 at the age of 81.

THE LITERARY HERITAGE OF SHERAM

Sheram has written several hundred verses. Many of these verses or songs have been published in the past in the following booklets.

A. "K'nar" ("Քնար") - by singer Grigor Talyan. Adapted to his composed and Eastern melodies. Published in Alexandropol, 1902, 74 pages.

B. "Gangati shanter" ("Գանգատի շանթեր") - published as a separate booklet in 1905, which includes revolutionary and patriotic songs. The book is published under the "Petrograd" nickname.

---

[3] Eastern string musical instrument.

[4] Sheram in Armenian means silkworm.

C. "Ser ev kriv" ("Սեր և կռիվ") - Grigor Talyan, Alexandropol, 1907, 112 pages. Songs of love and struggle. Printed on the cover of the booklet is the following.

Go nightingale, fly away
Away from this bloody world,
Go nightingale, don't stay here,
Separated from your rose.

D. "Waterless Garden" - Grigor Talyan, Alexandropol, 1913, 94 pages. Printed on the cover is the following.

I've planted a rose,
But harvested a heartache,
I've searched for a love,
But found only wounds.

E. "Unrestrained race" - Grigor Talyan, Alexandropol, 1915, 32 pages. Printed on the cover.

This terrible labor,
Must give birth to a new life,
Desirable bright future,
Requires big redemption.

The heirs of the ashough have many atypical songs, collected in a notebook, written by the author's youngest son, Vazgen Talyan.

THE THEME OF SHERAM'S SONGS

Sheram songs are mainly about love. He is a love singer first and foremost. In the current collection, as the reader will see, 62 out of 80 songs are love songs and his best melodies are composed for those songs. But Sheram's love, as it becomes clear, was everlasting and unattainable. His youthful love remained until his old age. He was inspired by it; he could not compose and sing without having an image of it in front of his eyes.

You are my muse,
I cannot sing
Without you.
The harp of my heart
No one can tune.
Except for you.

Or,

With tar in my hands, day and night,
I sing for you,
There are many beautiful pigeons in this garden,
But, my quail, I dream only of you ...

Sheram has always been surrounded by beauties. His song, music, and charming lines captivated other women, but he always remained faithful to his love, composing these lines,

Beauties, do not be offended,
If I always praise my beloved,
You will not know my sorrow,
That's why I praise my love,
That's why I praise my angel.

Sheram has very beautiful completely independent lines in his love songs . He sings in simple, almost colloquial language, but with beautiful images.

You walk like a gazelle,
Running away from the hunter,
You give life to the one who sees you,
You are taken wild from the forest.

Tell me, who are you looking for,
With your eyes shining bright,
Who is your master? Who do you love,
You, the apple of Paradise.

After love songs, Sheram's next main literary theme is dedicated to the struggle, patriotic, sad past, of which only a few are included in this collection. There are few public, everyday songs dedicated to the evil of the day, the publication of which remains for the future.

We gave the last place to the satirical poems, of which only five were at the disposal of the editorial office.

LANGUAGE OF THE SONGS

The language of Sheram's songs cannot be said to be dialectal. He is essentially literary, but words from the Alexandropol dialect are widely used, a city where the use of Turkish words in Sheram's adolescent's and youth life was very common in colloquial language. For example, *յանղուն, յորղան, դուշ, վախւր, սեւրան, դուշման* and many other similar words. The citizens of Alexandrapol did not even realize that these were foreign words and that we have those words in Armenian.

In the present case, we did not consider it our right to proofread the language of our author, but left it as he wrote it[5].

Sheram has invented several self-created words, as well, for example, *չոքաճեմ* - to walk kneeling. *նազապար* - a person who withstands the coquetry of someone. In some cases, the author has also abbreviated spelling of some words or etymological deviations, involuntarily sacrificing the purity of the language to the rhymes.

POETRY

Ashugh Sheram did not weave his songs according to the rules of melody traditionally accepted in the ashough literature, as other ashughs did by using their ghoshmans, divans, ghazals, mukhambaz, etc[6]. Our author did not follow the complex and diverse poetic structures of the ashugh style from the beginning. He not only he kept himself away from all of them, but he also did not need those structures and their *melodies, because* he composed his own melodies and adjusted his own verses to those melodies according to his own poetic verse structures. For example, in the same song, we come across lines that have one syllable more or less compared to the other lines because the melody demands it. In such cases, the author sacrificed the rules adopted in the versification in favor of the melody.

Sheram loves the verse structure called folk *bayati.* As it is known, all the "Jangyulums" (folk quatrains) are composed in that way: that is, four lines of seven syllables each, of which the lines 1st, 2nd, and 4th are identical, for example,

Folk

Հանդում բուսել է ***սոկոն,***
Մերդ թխել է ***բոքոն,***
Մեռնիմ ծոցիդ նռներին,
Կըլմանի վարդի ***կոկոն:***

Handum bousel e ***sokon,***
Meryd t'khel e ***bok'on,***
Mernim tsots'id nyrnerin,
Kylmani vardi ***kokon.***

[5] The current editorial team has put together a comprehensive dictionary of these terms at the end of this book to help the reader to navigate Sheram's poetry with ease.

[6] Ghoshmans, divans, ghazals, mukhambaz, are some of the ashugh poetry genres and rhyme structures.

Hovhannes Hovhannisyan

Ալագյազ բարձր ***սարին***
Ձյուն ա կիտել ***կատարին,***
Սարի ճամբեք բաց էլեք՝
Էրթամ հասնիմ իմ ***յարին:***

Alagyaz bardzr ***sarin,***
Dzyun a kitel ***katarin,***
Sari chambek' bats' elek',
Ert'am hasnim im ***yarin.***

Sheram

Էլի երկինքս ***ամպել է,***
Յարըս ալ ձին ***թամբել է,***
Ընձեն խըռովել՝ կերթա,
Բողչես կապել, ***ճամբել է:***

Eli yerkinqk's ***ampel e,***
Yarys al dzin ***t'ambel e,***
Yndzen khyrrovel kert'a,
Boghches kapel, ***tchambel e.***

Թառլան, թառլան իմ յարը,
Դարդերիս դեղ ու ճարը,
Ծըլած ծաղկած հանդի մեջ,
Քնած է իմ սարդարը:

T'arr'lan, t'arrlan im ***yary,***
Darderis degh u ***chary,***
Tsylats, tsaghkats handi mej,
K'nats e im ***sardary.***

This is the first time that we publish and make available to the general public the songs of Grigor Talyan - Ashugh Sheram with their melodies, the songs that are already popular among music loving audience.

Garegin Levonyan
Honored Art Worker
1945

ԲԱՆԱՍՏԵՂԾ-ԵՐԳԻՉ ՇԵՐԱՄԻ ԱՆՄՈՌԱՑ ՀԻՇԱՏԱԿԻՆ

Ավետիք Իսահակյանի ներածական խոսքը առաջին հրապարակության համար

Ալեքսանդրապոլը (Լենինականը[1]) աշուղների քաղաք է համարվում: Ես իմ պատանեկության ժամանակ հաշվում էի երեսունի չափ աշուղներ և ժողովրդական երգիչներ (երգահաններ), որոնք անուն ունեին հայրելի քաղաքում և հայրենի քաղաքից դուրս: Այդ աշուղ-երգիչներից նշանավորներն էին՝ Ջիվանին, Ջամալին, Ֆիզային, Մալուլը, Պայծառը, Խսայաթը և ուրիշներ:

Նրանք իրենց երգերով ու նվագով զարդարում էին ալեքպոլցիների[2] նշանդրեքների և հարսանիքների հանդեսները, տոնական խնջույքները և քեֆերը:

Աշուղ-երգիչների խմբակներն իրենց սրճարանն ունեին, ուր օրվա որոշ պահերին երգում էին ու նվագում: Կային նշանավոր սրճարաններ, ուր պարբերաբար հավաքվում էին տեղացի և դրսից եկած աշուղ-երգիչները՝ իրար հետ մրցելու, հետաքրքրվող բազմաթիվ հանդիսականների ներկայությամբ:

Այսպիսով, Ալեքպոլում ստեղծվել էր մի ուրույն աշուղական մթնոլորտ իր ավանդություններով ու սովորույթներով և տարբեր ուղղություններով:

Ալեքպոլի աշուղ-երգիչներից ամենակրտսերը և ժամանակով մեզ ամենից մոտիկը աշուղ-երգահան Գրիգորն էր, Տալյանը, երաժշտական հին ընտանիքից սերված, ալեքպոլցիների կողմից շատ և շատ գնահատված ու սիրված Ուստա Գոքորը, հետագայում ամեն տեղ ծանոթ ու սիրված երգիչ Շերամը: Ի դեպ, Շերամ անունը դրել է մեծանուն բանաստեղծ Հովհաննես Հովհաննիսյանը:

Պատանի Գրիգոր Տալյանը ծնվեց ու մեծացավ աշուղական այդ մթնոլորտում, սովորեց հին վարպետներից, յուրացրեց աշուղական արվեստը, աշուղական պոետիկան: Տակավին շատ երիտասարդ էր, որ նա անուն հանեց և նվաճեց հասարակության սերը:

Ալեքպոլցիների մոտ շատ մեծ էր երգիչ Շերամի հմայքը: Նա ուրախական հանդեսների փայլն էր ու գեղեցկությունը: Նրա թառի նվագը, նրա սրտագին ձայնը, իր ստեղծած սիրո երգերը՝ գեղուն խանդի, կարոտի, վշտի իր ստեղծած եղանակներով, խենթացնում էին երազող պատանիներին, ոգևորում էին սիրահարված երիտասարդներին և բանաստեղծական տխրությամբ համակում շատերին:

Երգիչ Շերամը վարպետ թառ նվագող էր, զգացմունքով երգող. ինքն իր նվագն ու երգն ապրում էր: Սրտաբուխ էր նրա արվեստը, և բոլորը ապրում էին այդ հուզիչ գեղեցկությամբ:

Ալեքպոլցիները սրտատրոփ սպասում էին նրա նոր հնարած երգին, որը երբեք չէր ուշանում, որովհետև Շերամի ստեղծագործ տաղանդը զարմանալի բեղմնավոր էր. ուղղակի անսպառ:

Իսկական ալեքպոլցու համար Շերամին հավասար ոչ մի աշուղ-երգիչ չկար: Եթե նա ուրիշ քաղաքներում՝ Երևան, Թիֆլիս լիներ և լսեր անվանի երգիչ-աշուղներին, “ա՜խ” պիտի քաշեր Շերամի համար:

Հիշում եմ իմ ժամանակի երիտասարդներից լսածներս՝ Շերամի մասին. “Մեռնելը ոչի՜նչ, բայց Գոքորին չպիտի լսենք. ցավը էդ է…”, “Գոքորին լսելը կյանք է, երջանկություն է”, “Սիրտ չունեցող մարդու մեջ կրակ կվառե մեր Գոքորը”:

Ես գիտեմ, որ մինչր այսօր ապրող ալեքպոլցիների սրտի մեջ կենդանի է իրենց Ուստա Գոքորի քաղցր անունը, որովհետև նա է գեղեցկացրել և բանաստեղծացրել իրենց ջահել օրերը:

---

[1] Գյումրի քաղաքի նախկին անուններն են: Ծ.Խ.

[2] Ալեքպոլ - Ալեքսանդրապոլ քաղաքի անվան կրճատն է: Ծ.Խ.

Ուրախությամբ պիտի նշեմ, որ Հոկտեմբերյան ռևոլյուցիայից հետո էլ, սովետական մեր աշխարհում Շերամի հին երգերը ապրում են իր նոր երգերի հետ միասին: Այժմ էլ բեմերից, ռադիոյից հնչում են սիրազեղ երգերը, որոնք, ինչպե հին օրերում, հուզում են մեր ժողովրդին, ուրախացնում, խանդավառում:

Թող երկար ժամանակ, շատ ու շատ տարիներ հնչեն իմ սիրելի, վաղեմի բարեկամ, իմ երիտասարդության ընկեր աշուղ Գոքորի սրտագին երգերը:

Թո՛ղ երբեք չմոռացվի նրա քնարը:

Ավետիք Իսահակյան
Հայկական ՍՍՌ Գիտությունների Ակադեմիայի իսկական անդամ
1945 թ.

ԵՐԿՈՒ ԽՕՍՔ

Գարեգին Լևոնյանի ներածական խոսքը առաջին հրատարակության համար

Բանաստեղծ, երգիչ և նվագածու Գրիգոր Տալյանը (Աշուղ Շերամ) այն բախտավոր հեղինակներից է, որի երգերը լույս են տեսնում իրենց եղանակների նոտայագրությամբ ամբողջական ժողովածուի մեջ:

Սա առաջին դեպքն է և նշանակալից է հայ աշուղական գրականության մեջ: Անցյալ դարի 50-ական թվականներից այս կողմ մեր բանասիրությունը բավարար չափով զբաղվել է աշուղական խաղերի հավաքումով, ուսումնասիրությամբ և հրատարակությամբ:

Մեր երաժշտագետներից ոմանք միայն անցողիկ կերպով գրի են առել, ձայնագրել նշանավոր աշուղների մի քանի երգերը և պահել իրենց զզրոցներում կամ հատ ու կենտ լույս ընծայել զանազան հրատարակությունների մեջ:

Ներկա դեպքում Շերամի բոլոր այս երգերի նոտայագրումը պատկանում է նրա որդուն՝ կոմպոզիտոր Վարդգես Տալյանին: Մեզ հանձնարարված էր միայն երգերի տեքստային խմբագրությունը: Սակայն այդ առնչությամբ մենք կանգնեցինք մի դժվարության առաջ: Այդ այն էր, որ Շերամի երգերի տեքստերին, որպես սոսկ ոտանավորների, դժվար է մոտենալ առանձին, որովհետև նրանք, կարելի է ասել, օրգանապես կապված են իրենց եղանակների հետ: Հեղինակը իր երգ-եղանակները հորինել է միասին՝ "Թառը դոշին դրած": Նա խոսքը հարմարեցրել է եղանակին, շատ անգամներ անտես անելով վանկային և հանգային տարրական կանոնները: Ճիշտ նման մի երաժիշտ-բանաստեղծ էլ մենք ունեցել ենք 18-րդ դարում, Կոնստանդնոպոլսում: Դա Պաղտասար Դպիրն էր: Նա էլ իր երգերը գրում էր՝ եղանակներին, կամ ինչպես ինքն էր ասում, ձայներին հարմարեցնելով: Այդ մասին բանաստեղծը իր տաղարանում գրում է, որ իր երգերն "այնպիսիք են, որոնց բանքն ի վերա գունույն են շինյալք, և ոչ գույնն ի վերա բանիցն: Վասն որո պարտիս դիտել զգույնն և այնու վարել զբանն, զի համեղ գայցե լսելոց": Պաղտասարը չէր ընդունում, որ իր տաղերը ուրիշ եղանակով երգեն, այլ անպայման իրենց իսկական եղանակներով:

Շերամը եղանակներ հորինելու մեջ խոշոր վարպետ է ու տաղանդավոր: Նրա արվեստակիցներից և ոչ մեկը այդքան սիրուն եղանակներ չունի հորինած, եղանակներ հուզական և թռիչ՝ իրենց արևելյան պայծառ գունազեղությամբ: Շերամ-երաժշտի մոտ զգալի չափով նսեմանում է Շերամ-բանաստեղծը: Նա նախ երաժիշտ է, ապա բանաստեղծ: Սակայն նրա բանաստեղծությունների մեջ մենք հանդիպում ենք այնպիսիների, որոնք գրված են վարպետությամբ: Մնում է, որ մեր երաժշտագետները մասնագիտորեն զբաղվեն հեղինակի թողած երաժշտական ժառանգությամբ, մանրազնին ուսումնասիրության ենթարկեն այդ ժառանգությունը:

Տարիներ առաջ Շերամի երգ-եղանակներով հետաքրքրվել են ու նրանցից մի քանիսը գրի առել մեր երաժիշտներից՝ Ա. Սպենդիարյանը, Կոմիտասը, Ք. Քուշնարյանը, Ա. Տեր-Ղևոնդյանը և ուրիշները:

Մեզ հայտնի է նույնպես, որ Ռոմանոս Մելիքյանի անվան երաժշտական գիտահետազոտական կաբինետում երաժշտագետ Արամ Քոչարյանը անձամբ Շերամից գրի է առել նրա բոլոր երգերը և պատրաստել մի հատուկ գիտական աշխատություն:

ԿԵՆՍԱԳՐԱԿԱՆԸ

Գրիգոր Տալյան-Աշուղ Շերամը ծնվել է 1857 թվին Ալեքսանդրապոլում (Լենինական): Նրա պապն էր աշուղ Քյամիլին և հորեղբոր որդին՝ Մկրտիչ Տալյանը - Աշուղ Ջամալին: Վերջինիս քրոջ հետ էր ամուսնացած Ախալքալաքի գավառից նոր եկած երիտասարդ աշուղ Ջիվանին: Շերամի և Ջամալու հայրերը՝ Կարապետ և Հովհաննես Տալյան եղբայրները 60-ական թվականներից քաղաքում ունեին մի մեծ սրճարան՝ "ղայֆա", որը կենտրոնատեղին էր տեղական վարպետ աշուղների և ուր, գրեթե ամեն երեկո, տեղի էին ունենում նրանց երգ ու նվագի ելույթները: Գրիգորը մանկության օրերում շատ է լսել աշուղներին և տպավորվել: Տաս տարեկան հասակում, հոր մահվան պատճառով, նա թողել է իր տարրական կրթությունը և մտել մի հյուսնի արհեստանոց ու մինչև քսաներկու տարեկան դառնալը պարապել է հյուսնությամբ: 1972 թվին նա թողնում է ուրագը և ձեռքն է առնում իր իսկ պատրաստած թառը:

Սակայն Գրիգորը չի գնում այն ուղիով, ինչ որ Ջիվանին ու Ջամալին, այսինքն աշուղ չի դառնում բառի ավանդական հասկացողությամբ, այլ դառնում է երգիչ-նվագածու և սիրային ոտանավորների հեղինակ, որևէ մասնակցություն չունենալով պրոֆեսիոնալ աշուղների ելույթներին, մրցություններին և սրճարանային կյանքին: Նա կազմում է իր երաժշտական անսամբլը՝ ճիանուր[3] և դափ նվագող ընկերների հետ և հանդես գալիս հասարակական և ընտանեկան հավաքույթներում և խնջույքներում: Իր աշխույժ, հուզական երգերով ու վարպետ նվագով Գրիգոր Տալյանը կամ քաղաքացիների կողմից ճանաչված "Ուստա Գոքորը" հետզհետե համբավ է ստեղծում իր անվան շուրջը, սիրելի դառնալով ավելի լայն շրջանների համար: Նա իր անսամբլով հրավիրվում է քաղաքային ակումբ՝ մշտական երեկույթներին հանդես գալու և գեղարվեստական հաճույք պատճառելու երգասեր միջավայրին: Գրիգոր Տալյանի համբավը հետզհետե տարածվում է մերձակա քաղաքները. նրան հրավիրում են Ղարս, Էջմիածին, Երևան՝ հասարակական երեկույթներում հանդես գալու ու լսելի դարձնելու իր երգն ու նվագը:

1913 թվին Տալյանը գնում է Աստրախան, հրավիրված լինելով մասնակցելու հայ տառերի գյուտի 1500-ամյակի առթիվ կազմակերպված տոնական երեկույթին:

1914 թվին Բագվում Հայ կուլտուրական ընկերությունը կազմակերպում է ազգագրական մեծ երեկույթ: Այդ երեկույթին մասնակցելու համար հրավիրված Գրիգոր Տալյանը հանդես է գալիս իր երգ ու նվագով և մեծ տպավորություն թողնում ունկնդիրների վրա: Բանաստեղծ Հովհաննես Հովհաննիսյանը, լսելով վարպետի "մետաքսանման" երգելը, նրան անվանում է "Աշուղ Շերամ":

1916 թվին մեր վարպետը տեղափոխվում է Թիֆլիս, որտեղ հայ երգասեր շրջանների և ալեքսանդրապոլցիների կողմից նա հանդիպում է ջերմ ընդունելության: 1922 թվին, նրա գործունեության 35-ամյակի առթիվ, կազմակերպվում է մի գրական-գեղարվեստական երեկույթ, ուր հանդես են գալիս՝ ինքը աշուղը, իր նորագույն երգերի կատարումով և ուրիշները՝ հարգանքի խոսքով և հեղինակի ոտանավորների արտասանությամբ: 1926 թվին Շերամը վերադառնում է իր հայրենի քաղաքը՝ Լենինական, որտեղ հանդիսավոր կերպով տոնվում է նրա գործունեության 40-ամյակը, մասնակցությամբ տեղական երաժշտական ստուդիայի երգեցիկ խմբի, օրկեստրի, արտիստ երգիչ-երգչուհիների և աշուղական խմբերի: 1927 թվին՝ հոկտեմբերյան Սոցիալիստական Մեծ ռևոլյուցիայի 10-ամյակի առնչությամբ Ադրբեջանի Լուսժողկոմատը Բագվում կազմակերպում է Անդրկովկասյան

[3] Արևելյան եռալար երաժշտականն գործիք: Ծ.Խ.

աշուղական համագումար և հանդիսավոր երեկույթ: Այդ տոնակատարությանը մասնակցելու համար Հայաստանի կողմից ուղարկվում է աշուղ Շերամը:

1935 թվին մեր վարպետը իր սիրելի և անբաժան թառն առած փոխադրվում է Երևան՝ ընդմիշտ հաստատվելու Հայաստանի մայրաքաղաքում: Չնայելով իր 78-ամյա պատկառելի հասակին, նա թվում էր թե դեռևս չէր կորցրել իր եռանդն ու աշխույժը՝ շարունակելու իր երգն ու նվագը: Հայաստանի կառավարության կողմից նրան նշանակվում է կենսաթոշակ, ապա նա ընդունվում է Սովետական Գրողների Միության անդամ: Հայաստանի Ռադիո կոմիտեն շատ հաճախ տրանսլյացիայի է ենթարկում Շերամի երգերը, նրանց հաղորդակից դարձնելով ամբողջ Հայաստանի ազգաբնակչությանը: սակայն վարպետի ֆիզիկականը չեր համակերպվում նրա հոգեկան կորովին: Նա հիվանդանում է քաղցկեղ անբուժելի հիվանդությամբ և 1938 թվի հուլիսի 3-ին մահանում է 81 տարեկան հասակում:

ՇԵՐԱՄԻ ԳՐԱԿԱՆ ԺԱՌԱՆԳՈՒԹՅՈՒՆԸ

Շերամը թողել է մի քանի հարյուր ոտանավոր: Այդ ոտանավորների կամ երգերի մի ստվար մասը լույս է տեսել անցյալում հետևյալ գրքույկների մեջ:

Ա. “Քնար” - երգիչ Գրիգոր Տալյանի: Հարմարեցված է իր հորինած և արևելյան եղանակների վրա. Ալեքսանդրապոլ, 1902 թ., 74 էջ:

Բ. “Գանգատի շանթեր” - հրատարակված է առանձին գրքույկով 1905 թ., որի մեջ մտնում են հեղափոխական և հայրենասիրական երգեր: Գիրքը հրատարակված է “Պետրոգրադ” կեղծ անվան տակ:

Գ. “Սեր և կռիվ” - Գրիգոր Տալյանի, Ալեքսանդրապոլ, 1907 թ., 112 էջ: Սիրո և պայքարի երգեր: Գրքույկի շապիկի վրա տպագրված է.

Գնա բլբուլ, թռիր գնա
Այս արյունոտ աշխարհեն,
Թռիր, բլբուլ, էլ մի կենա,
Բաժանոցին քեզ վարդեն:

Դ. “Անջուր պարտեզ” - Գրիգոր Տալյանի, Ալեքսանդրապոլ, 1913 թ., 94 էջ: Շապիկի վրա տպագրված է.

Վարդ ցանեցի,
Դարդ քաղեցի,
Ջար փնտրեցի,
Ջարա գտա:

Ե. "Անզուսպ արշավ" - Գրիգոր Տայյանի, Ալեքսանդրապոլ, 1915 թ., 32 էջ: Շապիկի վրա տպագրված է.

Այս սոսկալի երկունքը,
Պետք է ծնի մեզ նոր կյանք,
Տենչալի վառ ապագան,
Պահանջում է մեզ փրկանք:

Աշուղի ժառանգների մոտ մնում են շատ անտիպ երգեր, հավաքված մի դաֆթարի մեջ և գրված հեղինակի փոքր որդու՝ Վազգեն Տայյանի ձեռքով:

ՇԵՐԱՄԻ ԵՐԳԵՐԻ ՆՅՈՒԹԸ

Շերամի երգերը գերազանցապես սիրային են: Նա սիրո երգիչ է ամենից առաջ: Ներկա ժողովածուի մեջ, ինչպես կտեսնի ընթերցողը, 80 ավել երգերից սիրային է 62-ը և հեղինակի լավագույն եղանակները հորինված են այդ երգերի վրա: Սակայն Շերամի սերը, ինչպես երևում է, եղել է հարատև և անհասանելի. նա մինչև ծերություն չի մոռացել իր երիտասարդ սիրո առարկային, նրանով է ոգևորվել, առանց նրա պատկերը աչքի առաջ ունենալու չի կարողացել ստեղծագործել և երգել:

Դու իմ մուսան ես,
Առանց քեզի,
Երգել չեմ կարող.
Սրտիս տավիղը,
Բացի քեզնից
Էլ չունիմ լարող:

Կամ թե՝

Թառը դոշիս, զօր ու գիշեր,
Սալթ քեզ համար խաղ եմ կանչում,
Բաղը շատ կա սիրուն ղըշեր,
Համա, լորըս, քեզ եմ կանչում...

Շերամը միշտ շրջապատված է եղել սիրուններով: Նրա երգն ու նվագը, նրա թովիչ տողերը գրավել են ուրիշ գեղեցիկների, բայց նա անդավաճան կերպով մնացել է իր սրտով սիրախի հետ, երգելով այսպիսի տողեր,

Սիրուննե՛ր, մի՛ք նեղենա,
Որ միշտ իմ յարին եմ գովում,
Դուք իմ դարդը չեք իմանա,

Էնդի յարիս եմ գովում,
Էնդի փերիս եմ գովում:

Որքան կուզեք զարդարվեք
Ալ ու եշիլ գոհարներով,
Յարս սև, դուք ալ հագեք,

Էլի յարիս եմ գովում,
Էլի փերիս եմ գովում:

Ամենքդ մեկ-մեկ փերի,
Աչքիս առաջ ման եք գալի,
Բայց ինձ չեք կարող գերի,

Էնդի յարիս եմ գովում,
Էնդի փերիս եմ գովում:

Շերամը իր սիրո երգերի մեջ ունի շատ սիրուն և լիովին ինքնուրույն տողեր. երգում է պարզ հասարակ, գրեթե խոսակցական լեզվով, բայց գեղեցիկ պատկերներով:

Մարալի պես ման ես գալիս,
Որսորդից փախած նմանիս,
Քեզ տեսնողին համ ես տալիս,
Անտառից խլած նմանիս:

Ասա տեսնիմ, ու՞մ ես փնտռում,
Աչքերդ կանթեղ ես արել,
Ո՞վ է տերըդ, ու՞մ ես սիրում,
Դրախտի խնձոր ես դառել:

Սիրային երգերից հետո Շերամի գրական ժառանգության մեջ երկրորդ տեղը բռնում են պայքարի, հայրենասիրական և տխուր անցյալինն նվիրված երգերը, որոնցից այս ժողովածուի մեջ մտել են միայն մի քանիսը: Սակավաթիվ են հասարակական, կենցաղային և օրվա չարիքին նվիրված երգերը, որոնց հրատարակությունը մնում է հաջորդ անգամներին:

Առանձին և նշանակալից տեղ են գրավում Շերամի այն երգերը, որոնք գրված են սովետական շրջանում: Այդ երգերը նվիրված են կոմունիզմի մեծանուն հիմնադիրներին - Լենինին, Ստալինին, մեր ժամանակակից կյանքի եռ ու զեռին և Սովետական Հայաստանի շինարարությանը: Մեր տրամադրության տակ եղած այդպիսի երգերից երեքը և Կարլ Մարքսին նվիրված մի ոտանավորը (գրված 1905 թ.) "ընծայական" վերնագրի տակ դրված է գրքի սկզբում:

Վերջին տեղը մենք հատկացրել ենք երգիծական ոտանավորներին, որոնցից խմբագրության տրամադրության տակ եղել են միայն հինգը:

ԵՐԳԵՐԻ ԼԵԶՈՒՆ

Շերամի երգերի լեզուն չենք կարող ասել թե բարբառային է: Նա էապես գրական է, բայց առատ կերպով գործ են ածված բառեր Ալեքսանդրապոլի բարբառից, մի քաղաք, ուր աշուղի պատանեկան և երիտասարդական տարիներին թուրքերեն բառերի գործածությունը շատ սովորական էր խոսակցական լեզվի մեջ: Օրինակ. յանղուն, յորղան, դուշ, վախտ, սեյրան, դուշման և այլ բազմաթիվ նման բառերի գործածողները իրենք էլ չէին գիտակցում, թե նրանք օտարամուտ են և հայերենում ունենք այդ բառերը:

Ներկա դեպքում մեզ իրավունք չհամարեցինք մեր հեղինակի լեզուն սրբագրելու,այլ թողինք այնպես, ինչպես որ նա գրել է:

Շերամն ունի և հայերեն ինքնաստեղծ բառեր, օրինակ. չոքաճեմ, կամենալով ասել չոքած գնալ. նազատար - այսինքն նազ տանող, նազանի, սրտատար. այսինքն սիրտ տանող և այլն: հեղինակն ունի և բառերի կրճատ գրություններ կամ ստուգաբանական շեղումներ, օրինակ. ապական, փոխանակ ապականվածի, գեղգեղի, այսինքն գեղգեղելով.

Յարս կերթա սիբեղի,
Բլբուլի հետ գեղգեղի,
Ու որ վառե մի անգամ,
Ինձ կայրե ամեն հեղի:

Պարզ է, որ այսպիսի դեպքում հեղինակը ակամայից լեզուն զոհաբերել է հանգերին:

ՏԱՂԱՉԱՓՈՒԹՅՈՒՆ

Աշուղ Շերամը իր երգերը չի հյուսել աշուղական գրականության մեջ ավանդաբար ընդունված տաղաչափության կանոններով, ինչպես արել են աշուղները, հորինելով իրենց ղոշմաները, դիվանիները, ղազելները, մուխամբազները և այլն: Նախ, որ մեր հեղինակը սկզբից չի հետևել աշուղական տաղաչափության բարդ և բազմազան ձևերին, հեռու է պահել իրեն այդ բոլորից, երկրորդ, որ նա պետք էլ չի ունեցել այդ ձևերին և նրանց եղանակներին, որովհետև ինքը հորինել է *իր* եղանակները և այդ ինքնաստեղծ եղանակներին հարմարեցրել նույնպես ինքնաստեղծ և ինքնակամ տաղաչափական ձևեր: Օրինակի համար՝ նա իր ոտանավորների մեջ ունի տողեր իննը կամ տասը վանկով և ընդհատվող կրկնակներով: Միևնույն երգի մեջ մենք պատահում ենք տողերի, որոնք մի վանկով ավելի կամ պակաս են մյուս տողերից, երբ դա պահանջել է եղանակը: Հեղինակը այսպիսի դեպքերում տաղաչափության մեջ ընդունված կանոնները զոհերել է եղանակին:

Շերամը սիրում է մեր ժողովրդական *բայաթի* կոչված տաղաչափական ձևը: Ինչպես հայտնի է, այդ ձևով են հյուսված բոլոր "Ջանգյուլումները" (վիճակի երգերը կամ քառյակները), այսինքն՝ յոթը վանկի չորս տող, որոնցից նույնահանգ են ա, բ, և դ տողերը, օրինակ՝

Ժողովրդական
Հանդում բուսել է սոկոն,
Մերըդ թխել է բոքոն
Մեռնիմ ծոցիդ նեռներին,
Կըլմանի վարդի կոկոն:

Հովհաննես Հովհաննիսյանից
Ալագյազ բարձըր սարին
Ձյուն ա կիտել կատարին,
Սարի ճամբեք բաց էլեք՝
Էրթամ հասնիմ իմ յարին:

Շերամից
Էլի երկինքն ամպել է,
Յարըս ալ ձին թամբել է,
Ընձեն խռովել՝ կերթա,
Բողչես կապել, ճամբել է:

կամ

Թառլան, քառլան իմ յարը,
Դարդերս դեղ ու ճարը,
Ծըլած ծաղկած հանդի մեջ,
Քնած է իմ սարդարը:

Ահա այսպիսով մենք առաջին անգամ հրատարակության ենք հանում ու մատչելի դարձնում լայն հասարակությանը Գրիգոր Տալյան - Աշուղ Շերամի երգերն իրենց եղանակներով, երգեր, որոնք արդեն սիրված են ու մեր գրական-երաժշտական շրջաններում վայելում են իրենց ժողովրդականությունը:

1945 թ.

Գ. Լևոնյան
Արվեստի վաստակավոր գործիչ

ARMENIAN ALPHABET TRANSLITERATION TABLE

Armenian	Transliteration	Romanization	Pronunciation
Ա ա	A	[a]	As in car
Բ բ	B	[b]	As in bar
Գ գ	G	[g]	As in good
Դ դ	D	[d]	As in dinner
Ե ե	E	[ye] or [e]	As in yes or pet
Զ զ	Z	[z]	As in zoom
Է է	E	[e]	As in pet
Ը ը	Y	[ə]	As in about
Թ թ	T'	[t^h]	As in tease
Ժ ժ	Zh	[zh]	As in treasure
Ի ի	I	[i]	As in see
Լ լ	L	[l]	As in light
Խ խ	Kh	[kh]	As in Bach
Ծ ծ	Ts	[ts]	A plosive [ts]
Կ կ	K	[k]	As in stock
Հ հ	H	[h]	As in hide
Ձ ձ	Dz	[dz]	As in odds
Ղ ղ	Gh	[gh]	As the French r
Ճ ճ	Ch	[ch]	A plosive [ch]
Մ մ	M	[m]	As in mood
Յ յ	Y	[y]	As in yard
Ն ն	N	[n]	As in name
Շ շ	Sh	[sh]	As in shoe
Ո ո	Vo or O	[vo] or [o]	As in vortex or for
Չ չ	Ch'	[ch^h]	As in chalk
Պ պ	P	[p]	As in copper

Armenian	Transliteration	Romanization	Pronunciation
Ջ ջ	J	[j]	As in **j**ournal
Ռ ռ	RR	[ṙ]	Trilled '**r**'
Ս ս	S	[s]	As in **s**almon
Վ վ	V	[v]	As in **v**ase
Տ տ	T	[t]	As in lo**t**s
Ր ր	R	[r]	As in **r**ide
Ց ց	TS'	[tsʰ]	As in ligh**ts**
Ու ու	U	[u]	As in p**oo**l
Փ փ	P'	[pʰ]	As in **p**ublic
Ք ք	K'	[kʰ]	As in **k**ind
Օ օ	O	[o]	As in c**o**in
Ֆ ֆ	F	[f]	As in **f**ootball

ՍԻՐԱՅԻՆ ԵՐԳԵՐ
LOVE SONGS

ԱԶԱՏ ԱՐԱ ՎԱՆԴԱԿԻՑ
AZAT ARA VANDAKITS'

Ազատ արա վանդակից,   Azat ara vandakits',
Թռնիմ զատվիմ քեզանից,   T'rrnim zatvim k'ezanits',
Երբ այլևս չես սիրում,   Yerb aylevs ch'es sirum,
Խնդրեմ տաս ինձ դադարում: Khndrem tas indz dadarum.

ԿՐԿՆԵՐԳ   CHORUS
Յա՛ր, յա՛ր,   Ya´r, ya´r,
Ա՛խ, անուշիկ յար: A´kh, anushik yar.

Շուրջդ ծաղիկներ շատ կան,   Shurjd tsaghikner shat kan,
Շուշան, մեխակ, բալասան,   Shushan, mekhak, balasan,
Ոչ մեկը չեն քեզ նման,   Voch' meky ch'en k'ez nman,
Դու իմ հոգյակ սիրական: Du im hogyak sirakan.

Նայիր մեկ ինձ, անու՛շ վարդ,   Nayir mek indz, anu´sh vard,
Չճանաչես ինձ կախարդ,   Ch'chanach'es indz kakhard,
Քո սոխակն եմ սիրահար,   K'o sokhakn em sirahar,
Հերիք տանջես չարաչար: Herik' tanjes ch'arach'ar.

Մի նոր հնար մտածիր,   Mi nor hnar mtatsir,
Ինձանից մի բաժանվիր,   Indzanits' mi bazhanvir,
Գեթ ամիսը մեկ անգամ   Get' amisy mek angam
Ինձ մի համբույր ընծայիր: Indz mi hambuyr yntsayir.

Խելահաս ես այժմ դու,   Khelahas es ayzhm du,
Խրատ չունիմ քեզ տալու,   Khrat ch'unim k'ez talu,
Թե ասում ես ինձ հաստատ,   T'e asum es indz hastat,
Էլ ի՞նչ ունիմ մոտ գալու: El i´nch' unim mot galu.

Նազելիդ իմ գեղանի,   Nazelid im geghani,
Դիցուհի ես անվանի,   Dits'uhi es anvani,
Վերջին խնդիրս է ահա,   Verjin khndirs e aha,
Կամ սիրիր, կամ սպանի: Kam sirir, kam spani.

ԱԶՆԻՎ ԿԱՆԱՅՔ
AZNIV KANAYK'

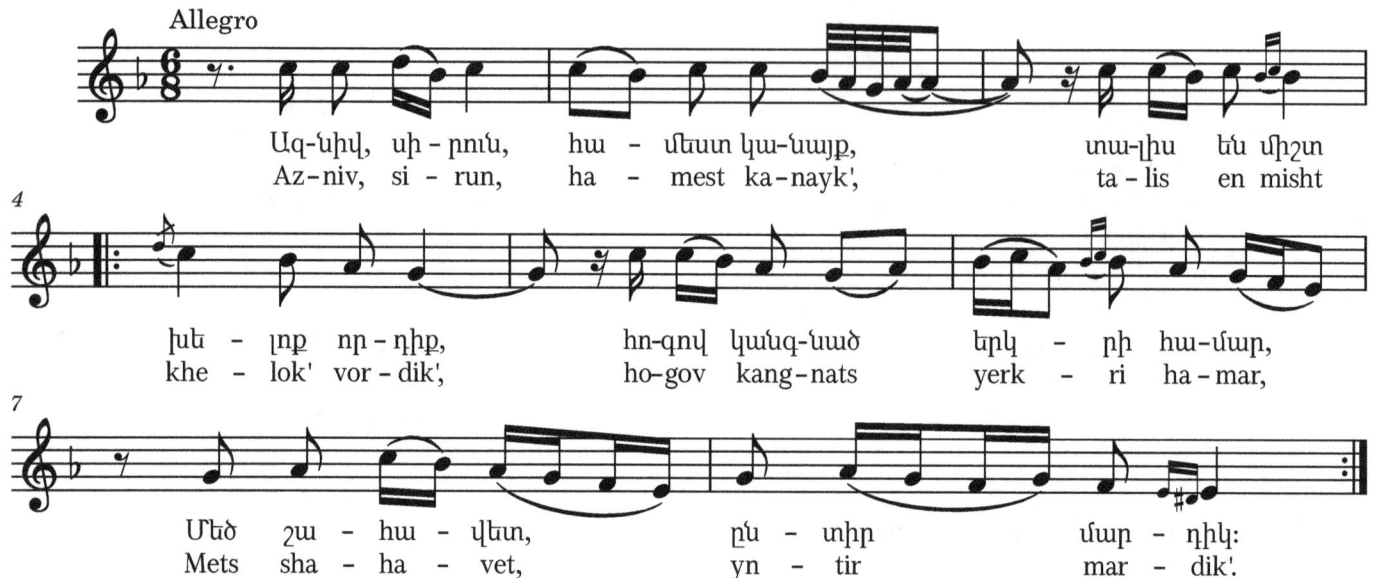

Ազնիվ, սիրուն, համեստ կանայք,
Տալիս են միշտ խելոք որդիք,
Հոգով կանգնած երկրի համար,
Մեծ շահավետ ընտիր մարդիկ: *

Ինչ ազգեր որ ունին հաստատ,
Բարի, տոկուն, կրթված մայրեր,
Երջանիկ են նոքա ընդմիշտ,
Նույնիսկ նոցա բոլոր ժամեր:

Ամուսնու հետ սիրով, սրտով,
Հյուսված կանայք գանձ են անգին,
Աշխարհի մեջ փառք ու պարծանք,
Փայլուն աստղեր են թանկագին:

Խոհեմ կանայք ընկերի մոտ,
Պետք է քաշեն լուծն հավասար,
Աշխույժ, առույգ, մաքուր կազմով
Կծնանին որդիք հանճար:

Վերջապես դուք լինեք այսպես,
Արդար շավղով միշտ ընթանաք,
Մեր օջախին ու մեր երկրին,
Պատիվ բերող, հայոց կանայք:

* Ամեն տան վերջին երկու տողը
կրկնել երկու անգամ:

Azniv, sirun, hamest kanayk',
Talis en misht khelok' vordik',
Hogov kangnats yerkri hamar,
Mets shahavet yntir mardik. *

Inch' azger vor unin hastat,
Bari, tokun, krt'vats mayrer,
Yerjanik yen nok'a yndmisht,
Nuynisk nots'a bolor zhamer.

Amusnu het sirov, srtov,
Hyusvats kanayk' gandz yen angin,
Ashkharhi mej p'arrk' u partsank',
P'aylun astgher en t'ankagin.

Khohem kanayk' ynkeri mot,
Petk' e k'ashen lutsn havasar,
Ashkhuyzh, arruyg, mak'ur kazmov
Ktsnanin vordik' hanchar.

Verjapes duk' linek' ayspes,
Ardar shavghov misht ynt'anak',
Mer ojakhin u mer yerkrin,
Pativ berogh, hayots' kanayk'.

* The last two lines of each verse
should be repeated twice.

ԱԼ ՈՒ ԱԼՎԱՆ ԵՍ ՀԱԳԵԼ
AL U ALVAN ES HAGEL

Ալ ու ալվան հագել ես,
Կարմիր լալա ես դառել,
Սյուրեի կլոր մեջքդ
Փամփուշտներով ես ծածկել...
Ալ ու ալվան ես հագել:

ԿՐԿՆԵՐԳ
Ախպեր ջան, քեզ ղուրբան,
Մեր գյումա՛ն, դու ես դու:

Մեջքդ կապել ես խանչալ,
Դաստեն նախշած է խալ-խալ.
Կաթիդ, խանչալիդ մատաղ,
Քո կերած կաթն է հալալ:
Մեջքդ կապել ես խանչալ:

Ձեռքդ թվանք ես առել,
Դուշմանի դեմը կայնել,
Ինձ ասա, գլխիդ մատաղ,
Բինիշդ ո՞վ է կարել:
Ձեռքդ թվանք ես առել:

Առյուծի պես կայնել ես,
Պեխերդ ոլորել ես,
Սև թավ պեխերիդ մատաղ,
Հաղթանակը տարել ես:
Առյուծի պես կայնել ես:

Al u alvan hagel es,
Karmir lala yes darrel,
Syurei klor mejk'd
P'amp'ushtnerov es tsatskel...
Al u alvan es hagel.

CHORUS
Akhper jan, k'ez ghurban,
Mer gyuman, du yes du.

Mejk'd kapel yes khanch'al,
Dasten nakhshats e khal-khal.
Kat'id, khanch'alid matagh,
K'o kerats kat'n e halal.
Mejk'd kapel es khanch'al.

Dzerrk'd t'vank' es arrel,
Dushmani demy kaynel,
Indz asa, glkhid matagh,
Binishd vo῀v e karel.
Dzerrk'd t'vank' es arrel.

Arryutsi pes kaynel es,
Pekherd volorel es,
Sev t'av pekherid matagh,
Haght'anaky tarel es.
Arryutsi pes kaynel es.

ԱԼՂԱՆԱԴ ՂՈՒՇ ԵՍ
ALGHANAD GHUSH ES

Միշտ քեզ եմ սիրել, հոգիս նվիրել,
Էդ անուշ լեզուդ խելքըս է տարել.
Արի ինձ կյանք տուր, մի թողնի տխուր,
Սիրտս ես խրել՝ էշխիդ նետը սուր:

ԿՐԿՆԵՐԳ
Ազիզ, անուշ ես,
Խաս բաղի նուշ ես,
Ալղանադ ղուշ ես,
Վարդեն քնքուշ ես:

Ես եմ քո յարը, մատնուդ գոհարը,
Զգույշ՝ չկտրես քնարիս լարը,
Տար ինձ ղուլ էրա, գտի մեկ չարա,
Քեզ գերի սիրտս մի թողնի յարա:

Իրավունք կուտամ, որ ինձ սպանես,
Քան թե բաց աչքով քեզնից բաժանես.
Սիրտ ունիս բարի, մի հնար ճարի,
Գոնե մեկ անգամ ինձ մոտիկ արի:

Misht k'ez em sirel, hogis nvirel,
Ed anush lezud khelk'ys e tarel.
Ari indz kyank' tur, mi t'oghni tkhur,
Sirts es khrel eshkhid nety sur.

CHORUS
Aziz, anush es,
Khas baghi nush es,
Alghanad ghush es,
Varden k'nk'ush es.

Yes yem k'o yary, matnud gohary,
Zguysh՝ ch'ktres k'naris lary,
Tar indz ghul era, gti mek ch'ara,
K'ez geri sirts mi t'oghni yara.

Iravunk' kutam, vor indz spanes,
K'an t'e bats' ach'k'ov k'eznits' bazhanes.
Sirt unis bari, mi hnar chari,
Gone mek angam indz motik ari.

You Are A Red Winged Dove

I have always loved you and given you my soul,
Your sweet words have stolen my thoughts,
Bring me to life, don't let me despair,
You've pierced my heart with your love.

> *My dear, you are sweet,*
> *You are the royal flower of my garden,*
> *You're a red winged dove,*
> *More tender than a rose.*

I am your love, the trinket of your touch,
Be careful not to cut the strings of my lyre,
Make me yours, for I have found sorrow,
Do not lead my captive heart astray.

I would rather be put to death,
Than to separate myself from you,
You have a good heart, I'm not fooled,
Come close to me just once.

ԱԼՎԱՆ ՎԱՐԴԵՐ ՆԱՆԵ ՋԱՆ
ALVAN VARDER NANE JAN

Ալվան վարդեր, նանե ջան, բուսուցել եմ,
Շամամ, շուշան, Սոնե ջան, հասուցել եմ,
Գիշեր ցերեկ, նանե ջան, կանչեմ կուլամ,
Կորյուն բալես, Սոնե ջան, կորուցել եմ:

ԿՐԿՆԵՐԳ
Խելքըս, միտքըս տարավ գնաց,
Վարդըս պոկեց, առավ գնաց,
Սրտիս յար չունիմ,
Վերքիս ճար չունիմ:

Անգութ բախտը, նանե ջան, մոտիկ չի գա,
Դարդիս ընկեր, Սոնե ջան, մեկը չկա,
Մալուլ, մոլոր, նանե ջան, ման եմ գալիս,
Թառլան ղուշըս, Սոնե ջան, ու՞ր է՝ չի գա:

Անուշ կաթըդ, նանե ջան, հալալ էրա,
Սրտիս դարդին, Սոնե ջան, հասուր չարա,
Վերքըս խորն է, նանե ջան, մահլամ կուզեմ,
Ջիգյարս եղավ, Սոնե ջան, հազար փարա:

Alvan varder, nane jan, busuts'el em,
Shamam, shushan, Sone jan, hasuts'el em,
Gisher ts'erek, nane jan, kanch'em kulam,
Koryun bales, Sone jan, koruts'el em.

CHORUS
Khelk'ys, mitk'ys tarav gnats',
Vardys pokets', arrav gnats',
Srtis yar ch'unim,
Verk'is char ch'unim.

Angut' bakhty, nane jan, motik ch'i ga,
Dardis ynker, Sone jan, meky ch'ka,
Malul, molor, nane jan, man em galis,
T'arrlan ghushys, Sone jan, u՞r e՝ ch'i ga.

Anush kat'yd, nane jan, halal era,
Srtis dardin, Sone jan, hasur ch'ara,
Verk'ys khorn e, nane jan, mahlam kuzem,
Jigyars yeghav, Sone jan, hazar p'ara.

ԱԽ... ՀԻՎԱՆԴ ԵՄ
AKH... HIVAND EM

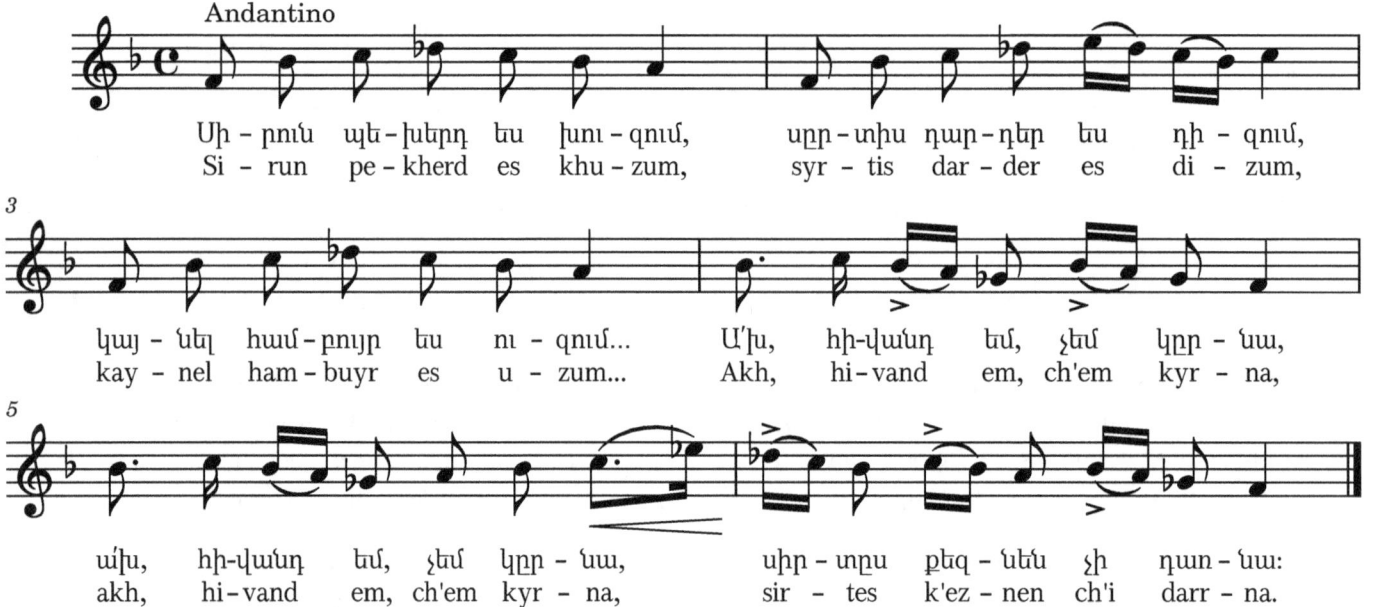

Սիրուն պեխերդ ես խուզում,
Սրտիս դարդեր ես դիզում,
Կայնել համբույր ես ուզում...

ԿՐԿՆԵՐԳ
Ա՛խ, հիվանդ եմ, չեմ կրնա,
Ա՛խ, հիվանդ եմ, չեմ կրնա,
Սիրտս քեզնեն չի դառնա:

Կես գիշերին տուն կուգաս,
Դուռ ու երդիք կբանաս,
Աճապ ու՞րտեղ կմնաս...

Քու ասածդ ճարել եմ,
Նոր շապիկդ կարել եմ,
Համա քեզնեն ջորել եմ...

Դոշկիս երեսը խաս է,
Դոշս մարմարե թաս է,
Մեզի տեսնողն ի՞նչ կասե...

Վրես յորղան մի՛ գցի,
Ընձեն քիչ հեռու կեցի,
Խոսքիս միտքը իմացի...

Sirun pekherd es khuzum,
Srtis darder es dizum,
Kaynel hambuyr es uzum...

CHORUS
A´kh, hivand em, ch'em krna,
A´kh, hivand em, ch'em krna,
Sirts k'eznen ch'i darrna.

Kes gisherin tun kugas,
Durr u yerdik' kbanas,
Achap u˝rtegh kmnas...

K'u asatsd charel em,
Nor shapikd karel em,
Hama k'eznen jorel em...

Doshkis yeresy khas e,
Doshs marmare t'as e,
Mezi tesnoghn i˝nch' kase...

Vres yorghan mi´ gts'i,
Yndzen k'ich' herru kets'i,
Khosk'is mitk'y imats'i...

ԱՄՊԵՐՆ ԵԼԱՆ
AMPERN ELAN

Ամպերն ելան բլուր-բլուր՝
Մասիս սարի կատարեն,
Ա՜խ, իմ սիրտը կարոտ մնաց
Իմ թառլանեն, իմ յարեն:

ԿՐԿՆԵՐԳ
Ա՜խ, թողեց, հեռացավ,
Ինձ, յարաբ, մոռացավ,
Մի տարի է, որ խաբար չունիմ իմ յարեն,
Ճամփու դրի՝ մնացի մորմոքալեն:

Լուսին չկա, որ մեկ տեսնիմ,
Ասեմ՝ յարիս խաբար տար,
Թե ես ինչպես կտառապիմ
Իրա սիրով չարաչար:

Քանի՜ սարով հեռու գնաց,
Ազիզ յարս ինձանից,
Ջիգյարս յարալու մնաց,
Բեզարել եմ իմ ջանից:

Սպասելով հոգիս ելավ,
Գիշերն անքուն ողբալով.
Ջահել-ջիվան ջանս մաշավ
Անուշ յարիս ման գալով:

Ampern yelan blur-blur՝
Masis sari kataren,
A՜kh, im sirty karot mnats'
Im t'arrlanen, im yaren.

CHORUS
A՜kh, t'oghets', herrats'av,
Indz, yarab, morrats'av,
Mi tari e, vor khabar ch'unim im yaren,
Champ'u dri՝ mnats'i mormok'alen.

Lusin ch'ka, vor mek tesnim,
Asem՝ yaris khabar tar,
T'e yes inch'pes ktarrapim
Ira sirov ch'arach'ar.

K'ani՜ sarov herru gnats',
Aziz yars indzanits',
Jigyars yaralu mnats',
Bezarel em im janits'.

Spaselov hogis yelav,
Gishern ank'un voghbalov.
Jahel-jivan jans mashav
Anush yaris man galov.

ԱՆԳՈՒԹ ԴԱՏԱՍՏԱՆ
ANGUT' DATASTAN

Ի՞նչ ես նստել խաս բաղի մեջ, ջան աղջիկ,
Բլբուլի հետ ձեն ես բռնել ու երգում.
Կարմիր վարդն ու սիրուն շուշան, հեզ հասմիկ,
Հայիլ-մայիլ փափլիկ ոտքըդ են գրկում:

ԿՐԿՆԵՐԳ
Յա՜ր մեկ ջուղաբ չտվիր,
Ծարավ ու պապակ թողիր,
Ջիգյարս խորով արիր,
Ի՞նչ մեղք ունիմ, որ դու այդպես
Անգութ դատաստան արիր:

Այդքան շքեղ, այդքան փարթամ կրծքի տակ,
Մի զարմանք է, որ կրակ ու սեր չկա,
Երեսդ լույս, աննման կույս, հրեշտակ,
Անուշ երգեդ ինձ մազաչափ խեր չկա:

Կարելի է դիցուհի ես շողադեմ,
Թուխ ամպերեն թռար իջար էս բաղը,
Քեզ խնդրեցի հազար անգամ չոքաճեմ,
Համբույրի տեղ սրտիս դրիր սև դաղը:

Հազար հարցիս մեկ պատասխան չես տալիս,
Գոնե հանգիստ սիրտըս առնիմ հեռանամ,
Ամեն անգամ հուր աչերիդ նայելիս,
Խելակորույս, անմիտք ապուշ կդառնամ:

Inch' es nstel khas baghi mej, jan aghjik
Blbuli het dzen es brrnel u yergum.
Karmir vardn u sirun shushan, hez hasmik,
Hayil-mayil p'ap'lik votk'yd en grkum.

CHORUS
Ya´r mek jughab ch'tvir,
Tsarav u papak t'oghir,
Jigyars khorov arir,
Inch' meghk' unim, vor du aydpes
Angut' datastan arir.

Aydk'an shk'egh, aydk'an p'art'am krtsk'i tak,
Mi zarmank' e, vor krak u ser ch'ka,
Yeresd luys, annman kuys, hreshtak,
Anush yerged indz mazach'ap' kher ch'ka.

Kareli e dits'uhi yes shoghadem,
T'ukh amperen t'rrar ijar es baghy,
K'ez khndrets'i hazar angam ch'ok'achem,
Hambuyri tegh srtis drir sev daghy.

Hazar harts'is mek pataskhan ch'es talis,
Gone hangist sirtys arrnim herranam,
Amen angam hur ach'erid nayelis,
Khelakoruys, anmitk' apush kdarrnam.

Cruel Judgement

Sweet girl sitting in this beautiful garden
Singing with a nightingale
Red roses, beautiful lilies, and gentle jasmines,
Hug your tender toes enchantedly.

> *My love, your silence*
> *Leaves my heart longing and*
> *Burning in flames.*
> *Tell me what I have done*
> *That you would be so cruel?*

How surprising that beneath your bosom,
So lush and luxurious, there is no fire and no love,
Though your angelic face glows virgin white
Your sweet song does not feed me.

Maybe you are a golden goddess,
Fallen from the heavens into this garden.
I've begged for your love a thousand times;
Instead of a kiss, you blacken my heart.

I ask a thousand questions, but you ignore me.
So, I will take my roaring heart and leave.
Mesmerized by your fiery eyes
I turn into a fool.

ԱՆՋԻԳՅԱՐ ՅԱՐ
ANJIGYAR YAR

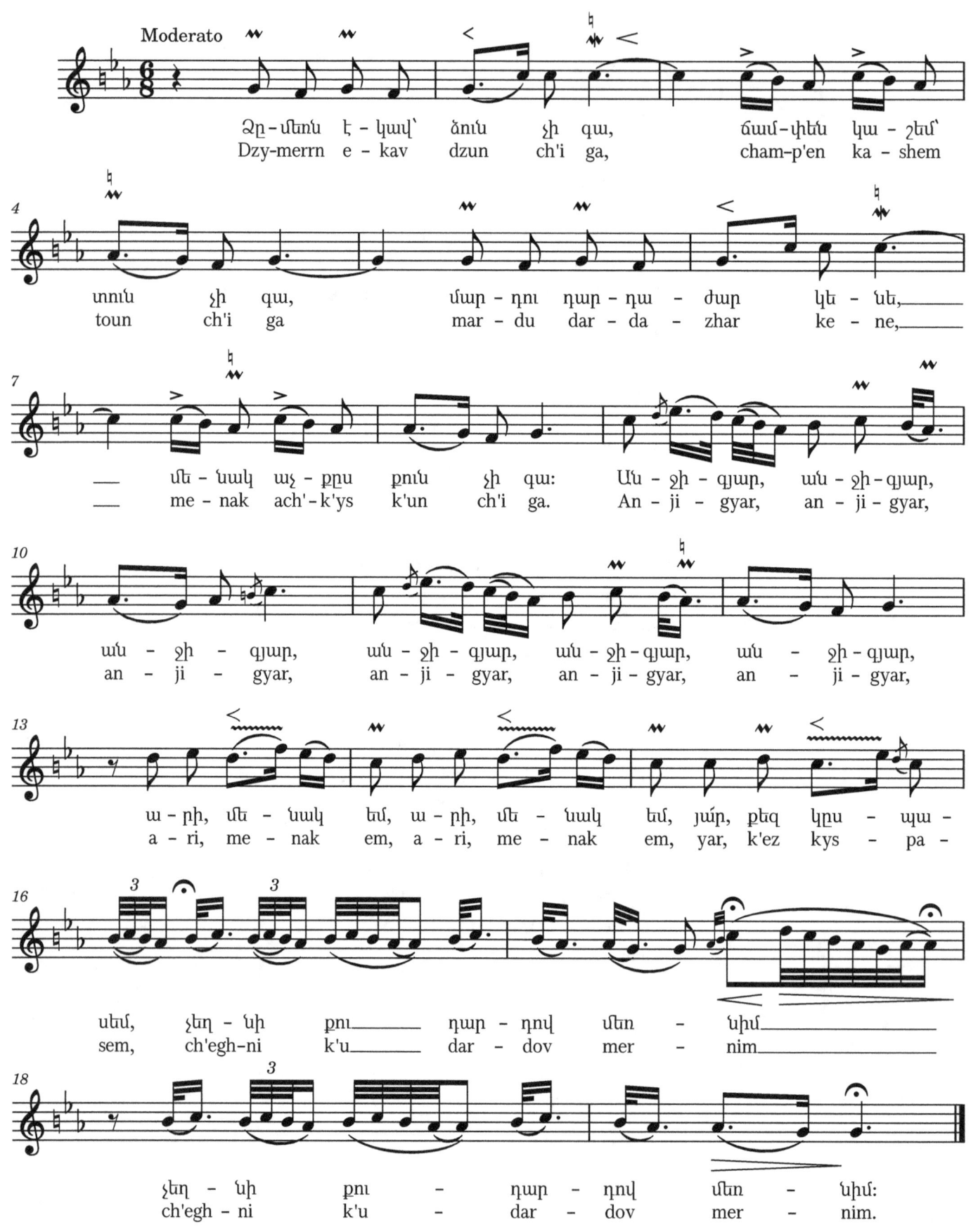

Ձմեռն էկավ՝ ձուն չի գա,
Ճամփեն կաշեմ՝ տուն չի գա,
Մարդու դարդաժար կենե,
Մենակ աչքս քուն չի գա:

ԿՐԿՆԵՐԳ
Անջիգյար, անջիգյար, անջիգյար,
Անջիգյար, անջիգյար, անջիգյար,
Արի, մենակ եմ,
Արի, մենակ եմ, յա՛ր, քեզ կսպասեմ,
Չեղնի՝ քու դարդով մեռնիմ,
Չեղնի՝ քու դարդով մեռնիմ:

Գիշերն անուշ է, հով է,
Իմ սիրտը արնծով է,
Աշնան գիշեր է նախշուն,
Դարդոտ մարդուն համով է:

Dzmerrn ekav՝ dzun ch'i ga,
Champ'en kashem՝ tun ch'i ga,
Mardu dardazhar kene,
Menak ach'k's k'un ch'i ga.

CHORUS
Anjigyar, anjigyar, anjigyar,
Anjigyar, anjigyar, anjigyar,
Ari, menak yem,
Ari, menak yem, ya՛r, k'ez kspasem,
Ch'eghni՝ k'u dardov merrnim,
Ch'eghni՝ k'u dardov merrnim.

Gishern anush e, hov e,
Im sirty arntsov e,
Ashnan gisher e nakhshun,
Dardot mardun hamov e.

ԱՆՍԱՀՄԱՆ, ԱՆՉԱՓ
ANSAHMAN, ANCH'AP'

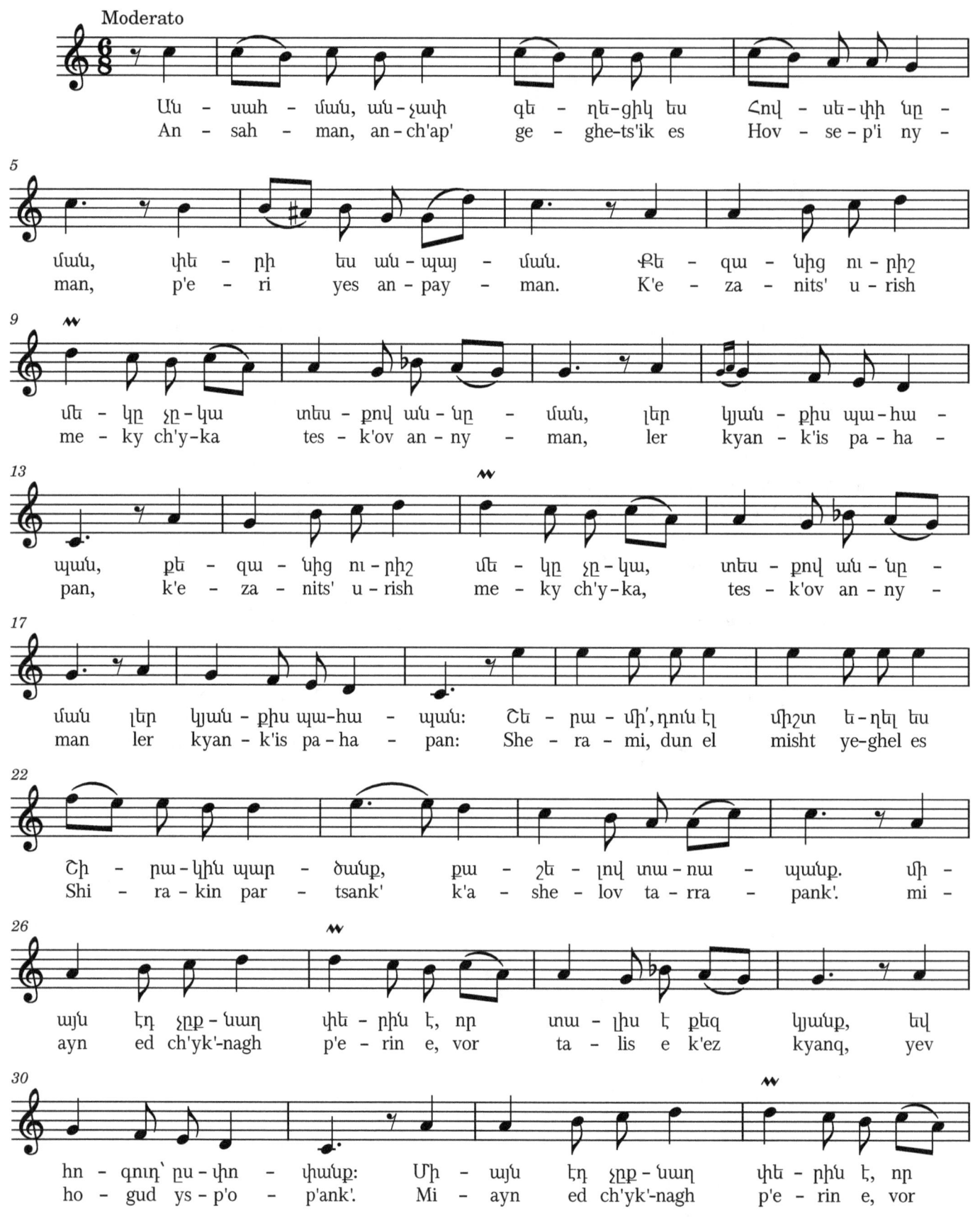

ta - lis e k'ez kyank' ev ho - gut ys - p'o - p'ank'.

Անսահման, անչափ գեղեցիկ ես Հովսեփի նման,
Փերի ես անպայման,
Քեզանից ուրիշ մեկը չկա տեսքով աննման,
Լեր կյանքիս պահապան: *

Բյուրավոր աչքեր շլանում են դեմքդ տեսնելիս,
Դիցուհի նազելիս,
Կայնել ես, արեգակի նման շավաղ ես տալիս,
Կայրես մեզ նազելիս:

Մայիսյան քնքուշ ծաղկի նման պարտեզի զարդ ես,
Կայտառ ու զվարթ ես,
Ամենայն աշխարհ ուրախության մասն ու մակարդ ես,
Մեկ անթառամ վարդ ես:

Աշխարհի փայլուն ակը դուն ես, դուն ես միայնակ,
Սիրուն, սեր աղունակ,
Երկնային պայծառ աստղը դուն ես, զառ-վառ արուսյակ,
Դրախտի մանուշակ:

Շերամի′, դուն էլ միշտ եղել ես Շիրակին պարծանք,
Քաշելով տառապանք.
Միայն էդ չքնաղ փերին է, որ տալիս է քեզ կյանք
Եվ հոգուդ սփոփանք:

---

* Ամեն տան վերջին երկու տողը
կրկնել երկու անգամ

Ansahman, anch’ap’ geghets’ik es Hovsep’i nman,
P’eri yes anpayman,
K’ezanits’ urish meky ch’ka tesk’ov annman,
Ler kyank’is pahapan: *

Byuravor ach’k’er shlanum yen demk’d tesnelis,
Dits’uhi nazelis,
Kaynel yes, aregaki nman shavagh yes talis,
Kayres mez nazelis.

Mayisyan k’nk’ush tsaghki nman partezi zard es,
Kaytarr u zvart’ es,
Amenayn ashkharh urakhut’yan masn u makard es,
Mek ant’arram vard es.

Ashkharhi p’aylun aky dun es, dun es miaynak,
Sirun, ser aghunak,
Yerknayin paytsarr astghy dun es, zarr-varr arusyak,
Drakhti manushak.

Sherami′, dun el misht yeghel es Shirakin partsank’,
K’ashelov tarrapank’.
Miayn ed ch’k’nagh p’erin e, vor talis e k’ez kyank’
Yev hogud sp’op’ank’.

---

* The last two lines of each verse
should be repeated twice.

ԱՉՔԴ ԽՈՒՄԱՐ
ACH'K'D KHUMAR

Գարուն, սիրուն, անուշ յար,
Արի, դարդիս արա ճար,
Ես քեզ համար էրվում եմ,
Դու նստել ես բեխաբար:

ԿՐԿՆԵՐԳ
Աչքդ խումար,
Ունքդ կամար,
Անուշիկ յա́ր,
Արի տար:

Իզուր սիրտս քեզ տվի,
Ալ օրս փոխվեց սևի,
Դարդես հեչ խաբար չունիս,
Թողիր կարոտ արևի:

Նվեր կուտամ, ինչ կուզես,
Ինձ մի′ թողնի սևերես,
Քուն չունիմ, դադար չունիմ,
Գոնե մեկ օր արի տես:

Վարդս թողի հեռացա,
Բան ու գործըս մոռացա,
Մալ ու մուլքս վատնեցի,
Վառ էշխեդ աշուղ դարձա:

Garun, sirun, anush yar,
Ari, dardis ara char,
Yes k'ez hamar ervum em,
Du nstel es bekhabar.

CHORUS
Ach'k'd khumar,
Unk'd kamar,
Anushik ya′r,
Ari tar.

Izur sirts k'ez tvi,
Al ors p'okhvets' sevi,
Dardes hech' khabar ch'unis,
T'oghir karot arevi.

Nver kutam, inch' kuzes,
Indz mi′ t'oghni severes,
K'un ch'unim, dadar ch'unim,
Gone mek or ari tes.

Vards t'oghi herrats'a,
Ban u gortsys morrats'a,
Mal u mulk's vatnets'i,
Varr eshkhed ashugh dardza.

Your Beautiful Eyes

Spring beauty, sweet love
Come and cure my heartache,
It burns for you, for your love,
While you sit unaware.

> *Your eyes stun*
> *With aching, arching brows*
> *Sweetheart, my love*
> *Come, take me with you.*

I gave you my heart in vain,
Turned my bright days into darkness
Don't you see my heartache?
How it misses the sun!

I'll give you a gift, whatever your heart desires.
Do not forsake me,
I am sleepless, I am restless
Visit me just once.

I've left my rose,
I've resigned my work,
I've wasted my fortune,
To sing the songs of your bright love.

ԱՐԴԵՆ ՄՈՒԹՆ ԸՆԿԵԼ Է
ARDEN MUT'N YNKEL E

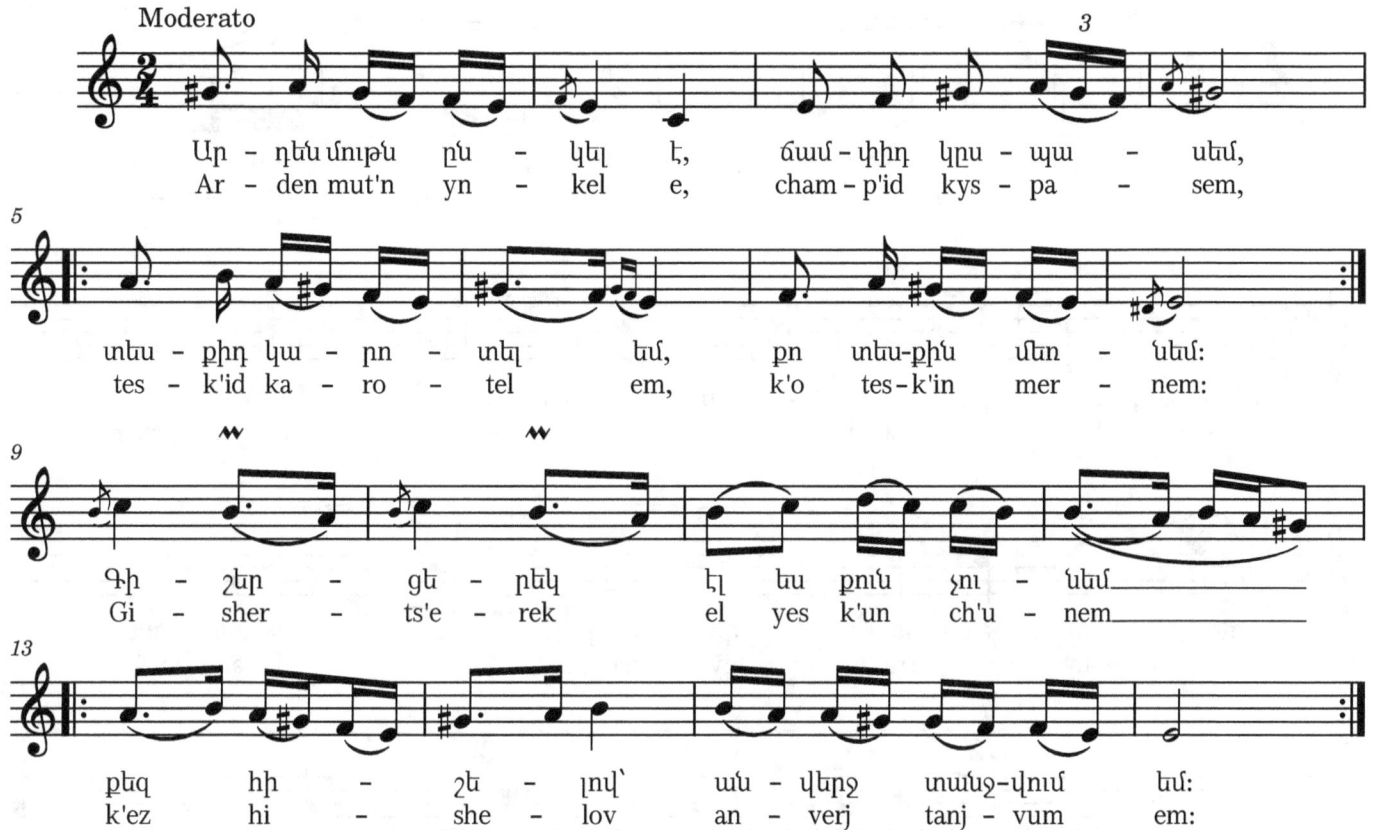

Արդեն մութն ընկել է,
Ճամփիդ կսպասեմ,
Տեսքիդ կարոտել եմ,
Քո տեսքին մեռնեմ:

ԿՐԿՆԵՐԳ
Գիշեր-ցերեկ,
Էլ ես քուն չունեմ,
Քեզ հիշելով՝
Անվերջ տանջվում եմ:

Երբ կլսեմ ձայնդ,
Անուշ խոսքերդ...
Ձայնիդ կարոտել եմ,
Քո ձայնին մեռնեմ:

Հիշիր անցյալներդ՝
Ինձ մի՛ մոռանա,
Լավ իմացիր՝ սերը
Շատ դժվար բան ա:

Arden mut'n ynkel e,
Champ'id kspasem,
Tesk'id karotel yem,
K'o tesk'in merrnem.

CHORUS
Gisher-ts'erek,
El yes k'un ch'unem,
K'ez hishelov՝
Anverj tanjvum yem.

Yerb klsem dzaynd,
Anush khosk'erd...
Dzaynid karotel em,
K'o dzaynin merrnem.

Hishir ants'yalnerd՝
Indz mi' morrana,
Lav imats'ir՝ sery
Shat dzhvar ban a:

ԱՐԵՎՆ ԵԼԱՎ ՆԱԶՈՎ ԿԱՄԱՑ
AREVN ELAV NAZOV KAMATS'

Արևն ելավ նազով կամաց,
Գիշեր, փեշդ քեզ քաշե,
Էն չար ղուշը թռավ գնաց,
Արծիվ սարեն մեզ կաշե:

Դալար ծաղկունք վեր շիտկեցին
Թերթիկները անհամար,
Հավքերն անուշ գեղգեղեցին,
Ճամփորդն ընկավ ճանապարհ:

Դեհ, ե՛լ քնեդ, մեկ դուրս արի,
Իմ սևաչյա գեղանաղ,
Հերիք շինես սիրուդ գերի,
Թողած անտեր բեմուրազ:

Arevn elav nazov kamats',
Gisher, p'eshd k'ez k'ashe,
En ch'ar ghushy t'rrav gnats',
Artsiv saren mez kashe.

Dalar tsaghkunk' ver shitkets'in
T'er't'iknery anhamar,
Havk'ern anush geghgeghets'in,
Champ'ordn ynkav chanaparh.

Deh, ye'l k'ned, mek durs ari,
Im sevach'ya geghanagh,
Herik' shines sirud geri,
T'oghats anter bemuraz.

ԱՐՏԸՄ ՈՒՆԻՄ՝ ՔԱՐՈՏ Է
ARTYM UNIM K'AROT E

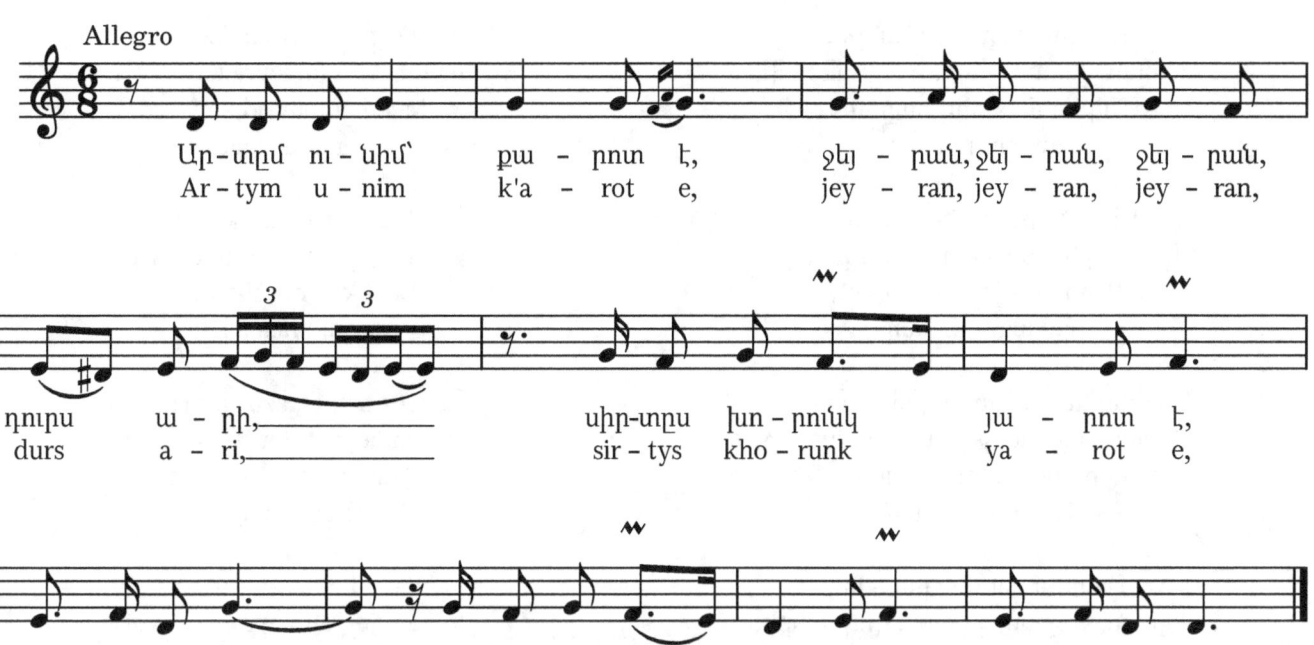

Արտմ ունիմ՝ քարոտ է,
Ջեյրան, ջեյրան, ջեյրան, դուրս արի,
Սիրտս խորունկ յարոտ է,
Ջանիդ մատաղ։

Էս պապակած շրթունքս,
Ջեյրան, ջեյրան, ջեյրան, դուրս արի,
Մեկ համբույրիդ կարոտ է,
Ջանիդ մատաղ։

Սիրուն փնջեր եմ կապում,
Ջեյրան, ջեյրան, ջեյրան, դուրս արի,
Դեպի քեզ եմ շտապում,
Ջանիդ մատաղ։

Քեզ համար, ազիզ յար ջան,
Ջեյրան, ջեյրան, ջեյրան, դուրս արի,
Լոռի միս եմ տապակում,
Ջանիդ մատաղ։

Բաղում բուսած լալա ես,
Ջեյրան, ջեյրան, ջեյրան, դուրս արի,
Ալվարդ ես, ալվալա ես,
Ջանիդ մատաղ։

Ես քեզ համար ջան կուտամ,
Ջեյրան, ջեյրան, ջեյրան, դուրս արի,
Դու իմ գլխին բալա ես,
Ջանիդ մատաղ։

Ճամփես ընկավ արտերով,
Ջեյրան, ջեյրան, ջեյրան, դուրս արի,
Դուռդ կուգամ վարդերով,
Ջանիդ մատաղ։

Ոչ քուն ունիմ, ոչ հանգիստ,
Ջեյրան, ջեյրան, ջեյրան, դուրս արի,
Վառա յար, քո դարդերով,
Ջանիդ մատաղ։

Պառկել եմ պատիդ տակին,
Ջեյրան, ջեյրան, ջեյրան, դուրս արի,
Գլուխս չոր հատակին,
Ջանիդ մատաղ։

Արի հասիր, դե հասիր,
Ջեյրան, ջեյրան, ջեյրան, դուրս արի,
Հեչ չէ վերջին կտակին,
Ջանիդ մատաղ։

Ամեն տան վերջին երկու տողը
կրկնել երկու անգամ։

Artm unim՝ k'arot e,
Jeyran, jeyran, jeyran, durs ari,
Sirts khorunk yarot e,
Janid matagh.

Es papakats shrt'unk's,
Jeyran, jeyran, jeyran, durs ari,
Mek hambuyrid karot e,
Janid matagh.

Sirun p'njer em kapum,
Jeyran, jeyran, jeyran, durs ari,
Depi k'ez em shtapum,
Janid matagh.

K'ez hamar, aziz yar jan,
Jeyran, jeyran, jeyran, durs ari,
Lori mis em tapakum,
Janid matagh.

Baghum busats lala yes,
Jeyran, jeyran, jeyran, durs ari,
Alvard es, alvala es,
Janid matagh.

Yes k'ez hamar jan kutam,
Jeyran, jeyran, jeyran, durs ari,
Du im glkhin bala es,
Janid matagh.

Champ'es ynkav arterov,
Jeyran, jeyran, jeyran, durs ari,
Durrd kugam varderov,
Janid matagh.

Voch' k'un unim, voch' hangist,
Jeyran, jeyran, jeyran, durs ari,
Varra yar, k'vo darderov,
Janid matagh.

Parrkel em patid takin,
Jeyran, jeyran, jeyran, durs ari,
Glukhs ch'or hatakin,
Janid matagh.

Ari hasir, de hasir,
Jeyran, jeyran, jeyran, durs ari,
Hech' ch'e verjin ktakin,
Janid matagh.

The last two lines of each verse
should be repeated twice.

ԳԱԼԻՍ ԵՄ ԴՈՒՌԴ
GALIS EM DURD

Գալիս եմ դուռդ իբրև մերկ աղքատ,
Մի՛ լինիր անսիրտ, եղիր գթառատ.
Ողորմած էիր, ինչու՞ քարացար,
Խղճով ու սրտով մի՞թե կուրացար:

ԿՐԿՆԵՐԳ
Մեջս կյանք չմնաց,
Հալվեց, մաշվեց, գնաց,
Առանց քեզ չի փայլի
Աստղը իմ կենաց:

Սիրո գեհենում այրվում եմ արդեն,
Դժվար է զատվել քեզ նման վարդեն,
Ծնվեցիր, եկար լույս ազատ աշխարհ,
Հասիր ինձ, փրկե, դարձի՛ր բարերար:

Դուն հրեշտակ ես, չքնաղ դիցուհի.
Բոլոր սիրունաց սիրուն թագուհի,
Քեզ պիտի երգեմ, յա՛ր, քեզ հավիտյան,
Մինչև քո ձեռքով դրկես գերեզման:

Galis em durrd ibrev merk aghk'at,
Mi' linir ansirt, yeghir gt'arrat.
Voghormats eir, inch'u՞ k'arats'ar,
Khghchov u srtov mi՞t'e kurats'ar.

CHORUS
Mejs kyank' ch'mnats',
Halvets', mashvets', gnats',
Arrants' k'ez ch'i p'ayli
Astghy im kenats'.

Siro gehenum ayrvum em arden,
Dzhvar e zatvel k'ez nman varden,
Tsnvets'ir, yekar luys azat ashkharh,
Hasir indz, p'rke, dardzi'r barerar.

Dun hreshtak es, ch'k'nagh dits'uhi.
Bolor sirunats' sirun t'aguhi,
K'ez piti yergem, ya'r, k'ez havityan,
Minch'ev k'o dzerrk'ov ghrkes gerezman.

ԳՆԱ ԲԼԲՈՒԼ
GNA BLBOUL

Գնա, բլբու՛լ, թռիր գնա,
Էս արյունոտ աշխարհեն,
Թռիր բլբուլ, էլ մի կենա,
Բաժանեցին քեզ վարդեն:

Քո սիրական սիրուն վարդդ,
Քամին փչեց չորացուց,
Արնով լցրեց վարդարանդ,
Այգիներդ փչացուց:

Արդեն եղավ ագռավի տեղ,
Էստեղ էլ վարդ չի բացվի,
Զուր մի՛ ողբա, խղճուկ բլբուլ,
Ցավերդ առ՝ հեռացիր:

Gna, blbu'l, t'rrir gna,
Es aryunot ashkharhen,
T'rrir blbul, el mi kena,
Bazhanets'in k'ez varden.

K'o sirakan sirun vardd,
K'amin p'ch'ets' ch'vorats'uts',
Arnov lts'rets' vardarand,
Ayginerd p'ch'ats'uts'.

Arden yeghav agrravi tegh,
Estegh el vard ch'i bats'vi,
Zur mi' voghba, khghchuk blbul,
Ts'averd arr' herrats'ir:

ԴԱՐՁԻ ՄԵԿ ԱՇԵ
DARDZI MEK ASHE

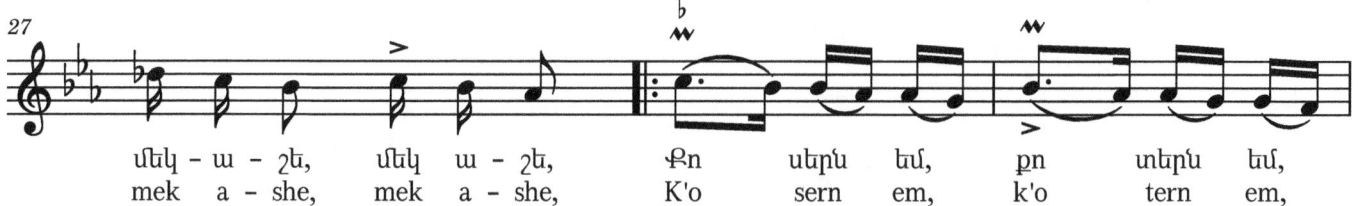

Արևը դիպավ, դռնեն դուրս էկար,
Բոլոր աշխարհը արիր շանթահար,
Դու նազ անելով անցար գնացիր,
Բյուրավոր սրտեր կրակով լցրիր:

ԿՐԿՆԵՐԳ
Սիրտս լցրիր բյուր ցավերով,
Ու հեռացել կերթաս,
Ինձ մոռացել կերթաս,
Դարձի մեկ աշե, մեկ աշե, մեկ աշե,
Կայնի մեկ աշե, մեկ աշե, մեկ աշե,
Քո սերն եմ, քո տերն եմ, զուր չմեռնեմ:

Էդ չքնաղ մարմնիդ էլ ի՞նչ զարդարվել,
Երբ բնությունն է քեզի նկարել,
Էդ սև աչերդ կրակ կցայտեն,
Շատ մատաղ սրտեր կայրեն-խորովեն:

Arevy dipav, drrnen durs ekar,
Bolor ashkharhy arir shant'ahar,
Du naz anelov ants'ar gnats'ir,
Byuravor srter krakov lts'rir.

CHORUS
Sirts lts'rir byur ts'averov,
Ou herrats'el kert'as,
Indz morrats'el kert'as,
Dardzi mek ashe, mek ashe, mek ashe,
Kayni mek ashe, mek ashe, mek ashe,
K'o sern yem, k'o tern yem, zur ch'merrnem.

Ed ch'k'nagh marmnid el i´nch' zardarvel,
Yerb bnut'yunn e k'ezi nkarel,
Ed sev ach'erd krak kts'ayten,
Shat matagh srter kayren-khoroven.

Look Back For Me Once

Like the sun you emerged out the door
And set the world on fire
You passed by gently,
Filling our hearts alight.

> *Filling my heart with endless sorrow,*
> *You turned your back and left,*
> *Casting me aside,*
> *Look back for me once,*
> *Just once, just once,*
> *For I am your love, I am your master,*
> *Don't let me die in vain.*

What a beautiful body you have decorated!
But nature already painted you,
Your eyes ignite,
Burning adolescent hearts.

ԴՈՒ ԻՄ ՄՈՒՍԱՆ ԵՍ
DU IM MUSAN ES

վոր - էդ ան - նը - ման փե - րուդ:

Դու իմ մուսան ես,
Առանց քեզի
Երգել չեմ կարող.
Սըրտիս տավիղը
Բացի քեզնից
Էլ չունիմ լարող:

ԿՐԿՆԵՐԳ
Սիրուն, սև աչերուդ, կարմիր վարդ այտերուդ,
Շուխ մազերուդ, շանթ ունքերուդ
Էլ ինչ սուրմա է հարկավոր
Էդ աննման փերուդ:

Քեզանից հեռու
Դառն է մնալ,
Ապրել միայնակ,
Կուզես սպանի,
Կուզես կյանք տուր,
Սիրուն աղավնյակ:

Զարդ ու զարդարանք
Էլ ինչ պետք է,
Դու սիրուն ղուշ ես,
Մարմինդ է զուգված
Ալ խալերով,
Դրախտի նուշ ես:

Ափսոս ջահել ես,
Նոր ես ծաղկել
Փնջիկդ գարնան,
Քեզ ջան եմ տալիս՝
Չես հասկանում,
Անգութ հոգեհան:

Du im musan es,
Arrants' k'ezi
Yergel ch'em karogh.
Syrtis tavighy
Bats'i k'eznits'
El ch'unim larogh.

CHORUS
Sirun, sev ach'erud, karmir vard ayterud,
Shukh mazerud, shant' unk'erud
El inch' surma e harkavor
Ed annman p'erud.

K'ezanits' herru
Darrn e mnal,
Aprel miaynak,
Kuzes spani,
Kuzes kyank' tur,
Sirun aghavnyak.

Zard u zardarank'
El inch' petk' e,
Du sirun ghush yes,
Marmind e zugvats
Al khalerov,

Drakhti nush yes.
Ap'sos jahel yes,
Nor yes tsaghkel
P'njikd garnan,
K'ez jan yem talis'
Ch'es haskanum,
Angut' hogehan.

You Are My Muse

My muse,
I have no voice
Without you.
My heart's harp strings
Play out of tune
Except for you.

> *Oh, lovely lady,*
> *Your eyes, your rosy cheeks,*
> *Your luscious hair and brow,*
> *No rouge can enrich*
> *My heavenly angel.*

Without you
It hurts to stay,
Or live alone.
Please let me die
Or give me life
My love, my lady.

Trinkets, decorations:
You do not need them,
You have a dove's beauty.
Red henna dresses your body,
Like sweet marzipan
You are, my love

Your youth betrays you,
Just bloomed
As a spring bouquet.
I give myself to you,
Don't you understand?
You heartless one.

ԵԿԱՎ ԱՆՈՒՇ ԳԱՐՈՒՆԸ
YEKAV ANUSH GARUNY

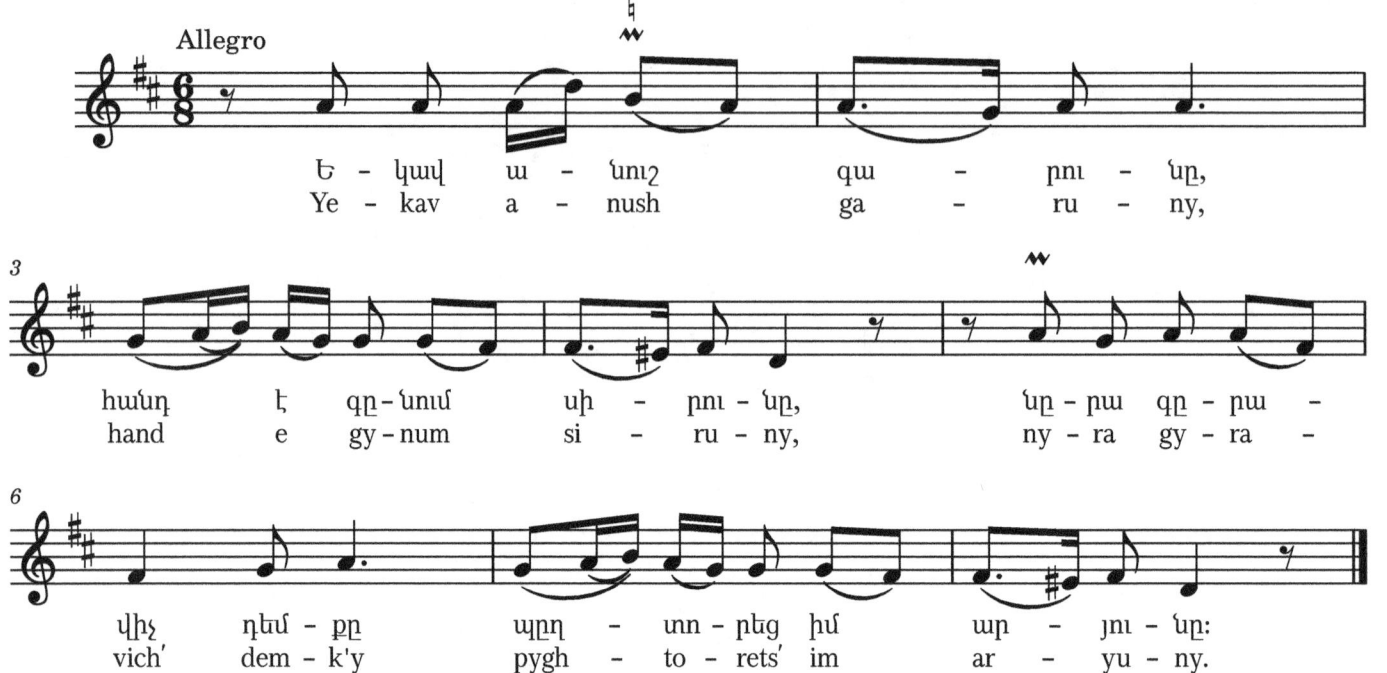

Եկավ անուշ գարունը,
Հանդ է գնում սիրունը,
Նրա գրավիչ դեմքը
Պղտորեց իմ արյունը:

Ցողում է մեղմիկ անձրև,
Վարդը բացեց իր տերև,
Սևաչյա չքնաղ կույսը
Չըտվեց ինձ մի բարև:

Կլկլում է առվակը,
Փայլում է արեգակը,
Ճախրում է դեպի երկինք
Իմ խոսող աղավնյակը:

Նըստավ սարի գագաթին,
Սըփռեց մազերը կրծքին,
Ինձ նման սիրող սիրտը
Գցեց ծովի հատակին:

Yekav anush garuny,
Hand e gnum siruny,
Nra gravich' demk'y
Pghtorets' im aryuny.

Ts'oghum e meghmik andzrev,
Vardy bats'ets' ir terev,
Sevach'ya ch'k'nagh kuysy
Ch'ytvets' indz mi barev.

Klklum e arrvaky,
P'aylum e aregaky,
Chakhrum e depi yerkink'
Im khosogh aghavnyaky.

Nystav sari gagat'in,
Syp'rrets' mazery krtsk'in,
Indz nman sirogh sirty
Gyts'ets' tsovi hatakin.

ԶԱԼՈՒՄ ԱՂՋԻԿ
ZALUM AGHJIK

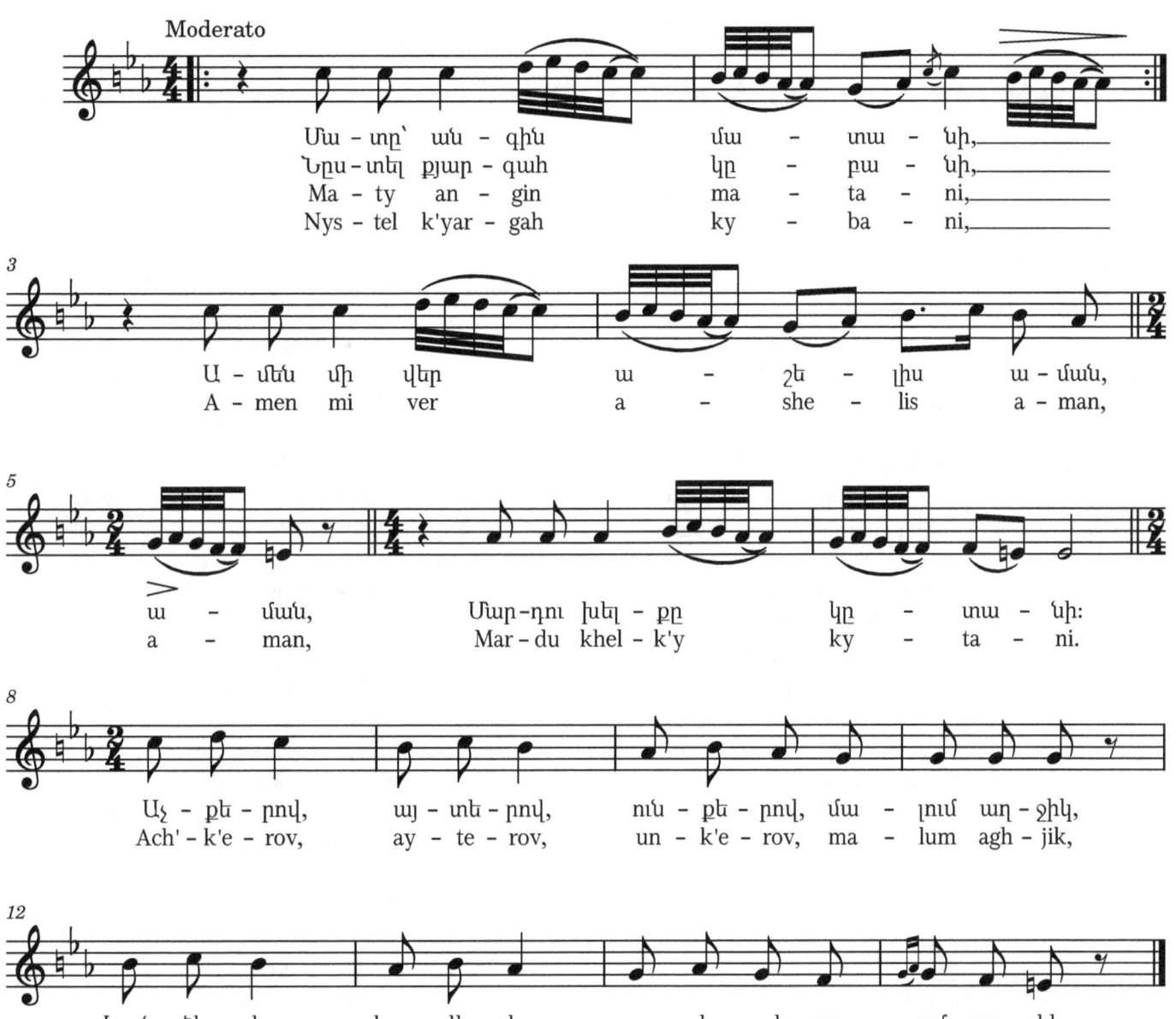

Մատը՝ անգին մատանի,
Նստել քյարգահ կբանի,
Ամեն մի վեր աշելիս, աման-աման,
Մարդու խելքը կտանի:

ԿՐԿՆԵՐԳ
Աչքերով, այտերով, ունքերով, մալում աղջիկ,
Խանձեցիր, խորվեցիր քո սիրով, զալում աղջիկ:

Ելեր կերթա մեծ կալը,
Բոխախին ջուխտակ խալը,
Որ էդ մարալն իմս էղնի, աման-աման,
Ի՛նչ է աշխարհի մայը:

Ամպը ելավ՝ հով կենե,
Անձրև կուգա զով կենե,
Ա՛խ, էդ նամարդ աղջիկը, աման-աման,
Ամենքին աչքով կենե:

Արևն ընկավ արտերուն,
Բլբուլն իջավ վարդերուն,
Էդ անուշիկ երգերդ, աման-աման,
Վերջ տվին իմ դարդերուն:

Maty' angin matani,
Nstel k'yargah kbani,
Amen mi ver ashelis, aman-aman,
Mardu khelk'y ktani.

CHORUS
Ach'k'erov, ayterov, unk'erov, malum aghjik,
Khandzets'ir, khorvets'ir k'o sirov, zalum aghjik.

Yeler kert'a mets kaly,
Bokhakhin jukhtak khaly,
Vor ed maraln ims eghni, aman-aman,
I'nch' e ashkharhi mayy.

Ampy yelav' hov kene,
Andzrev kuga zov kene,
A´kh, ed namard aghjiky, aman-aman,
Amenk'in ach'k'ov kene.

Arevn ynkav arterun,
Blbuln ijav varderun,
Ed anushik yergerd, aman-aman,
Verj tvin im darderun.

ԶՈՎ ԳԻՇԵՐ Է
ZOV GISHER E

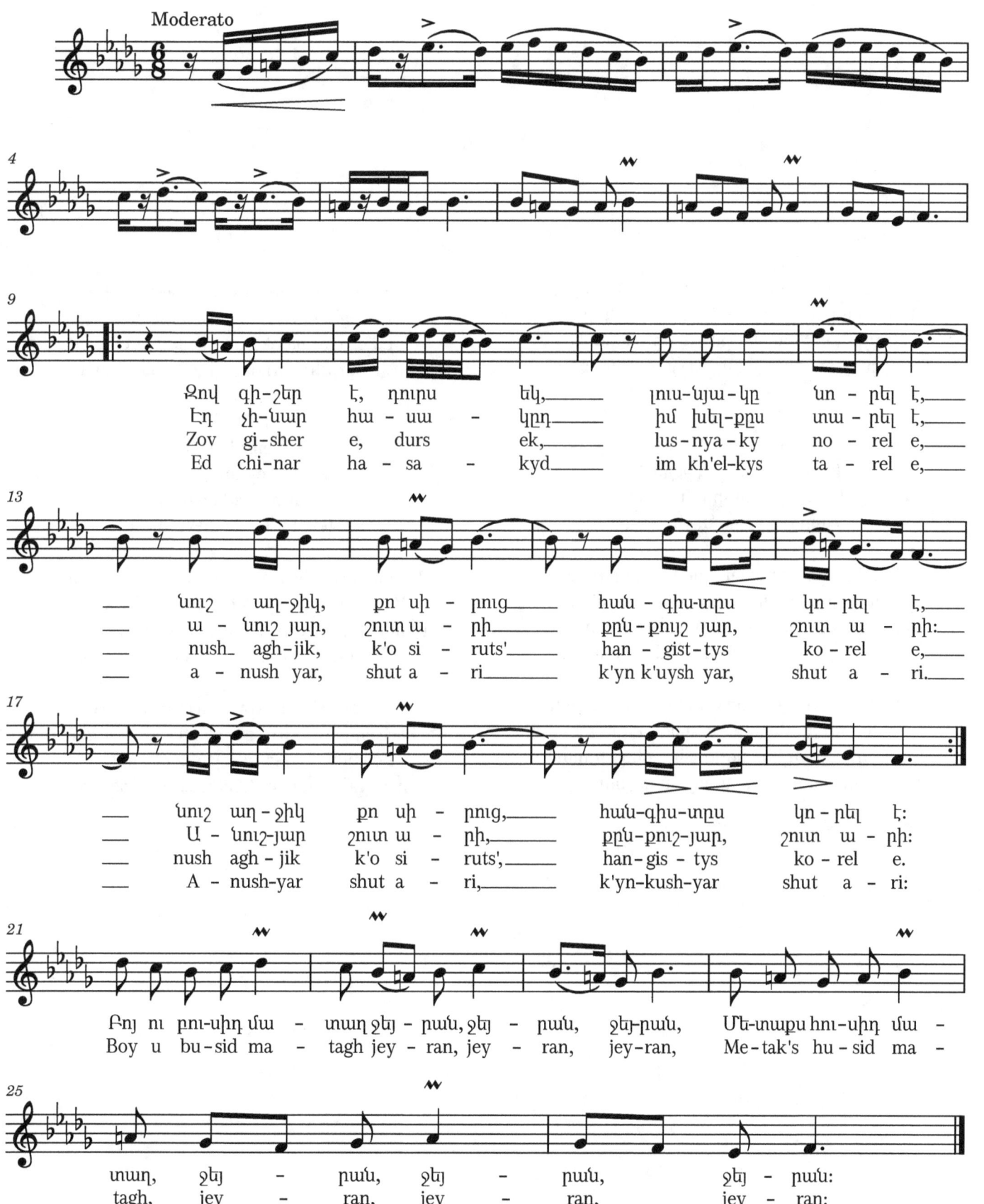

Զով գիշեր է, դուրս եկ, լուսնյակը նորել է,
Նուշ աղջիկ, քո սիրուց հանգիստս կորել է,
Էդ չինար հասակդ իմ խելքը տարել է,
Անուշ յա՛ր, շուտ արի, քնքույշ յա՛ր, շուտ արի:

ԿՐԿՆԵՐԳ
Բոյ ու բուսիդ մատաղ,
Ջեյրան, ջեյրան, ջեյրան,
Մետաքս հուսիդ մատաղ,
Ջեյրան, ջեյրան, ջեյրան,

Աստղեր կշողշողան պարզորակ երկնքեն,
Վառեցիր իմ հոգին քո սև-սև աչերեն,
Համբերանքս կտրավ, լալիս եմ քո ձեռքեն...
Անուշ յա՛ր, շուտ արի, քնքույշ յա՛ր, շուտ արի:

Ափսոս էս գիշերին, որ մենակ ման կուգամ,
Կաղաչեմ, դուրս չես գա, առանց քեզ ու՛ր գնամ,
Թե հոգիս էլ ուզես, ազիզ ջան, քեզ կուտամ,
Անուշ յա՛ր, շուտ արի, քնքույշ յա՛ր, շուտ արի:

Zov gisher e, durs yek, lusnyaky norel e,
Nush aghjik, k'o siruts' hangists korel e,
Ed ch'inar hasakd im khelk'y tarel e,
Anush ya´r, shut ari, k'nk'uysh ya´r, shut ari.

CHORUS
Boy u busid matagh,
Jeyran, jeyran, jeyran,
Metak's husid matagh,
Jeyran, jeyran, jeyran,

Astgher kshoghshoghan parzorak yerknk'en,
Varrets'ir im hogin k'o sev-sev ach'eren,
Hamberank's ktrav, lalis yem k'o dzerrk'en…
Anush ya´r, shut ari, k'nk'uysh ya´r, shut ari.

Ap'sos es gisherin, vor menak man kugam,
Kaghach'em, durs ch'es ga, arrants' k'ez u´r gnam,
T'e hogis el uzes, aziz jan, k'ez kutam,
Anush ya´r, shut ari, k'nk'uysh ya´r, shut ari.

It's A Cool Night

It's a cool night. Come out. The moon is new,
Sweet girl, your love has set my mind astray,
Tall as a sycamore, I am taken breathless,
Sweet love, come soon, tender love, come soon.

> *Your towering beauty sends my heart skyward*
> *Gazelle, gazelle, gazelle,*
> *Your silken braid twists my heart askew*
> *Gazelle, gazelle, gazelle.*

Stars glow in the clear sky,
Brightening my heart with your dark gaze,
I've lost myself, I weep in your palms,
Sweet love, come soon, tender love, come soon.

It would be a shame to walk this night alone,
I beg, but you won't emerge. How can I go on without you?
If you want my soul, my dear, my sweetheart, it is yours.
Sweet love, come soon, tender love, come soon.

ԷԴ ՈՍԿԵԹԵԼ ՄԱԶԵՐԴ
ED VOSKETEL MAZERD

դար-դըս ում պատ - մեմ, ճա-րըս կըտ-րե - ցիր:
dar - dys um pat - mem, cha - rys kyt - re - ts'ir.

Էդ ոսկեթել մազերդ,
Անուշ լեզուդ, նազերդ,
Խելքս գլխես խլեցին,
Հուր ու կայծակ աչերդ:

ԿՐԿՆԵՐԳ
Հե՜յ վախ, թռնում ես թռչնի պես,
մեկ ետ չես նայում,
Հեռանում՝ հոգիս ես հանում,
Մոռանում՝ հեզ սիրտս տանում,
Էլ ես ինչ անեմ, դարդս ու՞մ պատմեմ,
ճարս կտրեցիր:

Ուր որ էրթաս, հեռանաս,
Դու մեծ փառքի տիրանաս,
Քեզ հետ բարի հրեշտակ,
Միայն ինձ չմոռանաս:

Ծաղկունք բացվին ոտքիդ տակ,
Գլխիդ փայլե արեգակ,
Իմ աննման նազելի,
Ինձ մի թողնի միայնակ:

Ed vosket’el mazerd,
Anush lezud, nazerd,
Khelk’s glkhes khlets’in,
Hur u kaytsak ach’erd.

CHORUS
He´y vakh, t’rrnum es t’rrch’ni pes,
mek yet ch’es nayum,
Herranum` hogis es hanum,
Morranum` heg sirts tanum,
El yes inch’ anem, dards u´m patmem,
chars ktrets’ir.

Ur vor ert’as, herranas,
Du mets p’arrk’i tiranas,
K’ez het bari hreshtak,
Miayn indz ch’morranas.

Tsaghkunk’ bats’vin votk’id tak,
Glkhid p’ayle aregak,
Im annman nazeli,
Indz mi t’oghni miaynak.

ԷԼԻ ԵՐԿԻՆՔՍ ԱՄՊԵԼ Է
ELI YERKINK'S AMPEL E

ԷԼԻ ԵՐԿԻՆՔՆ ԱՄՊԵԼ Է
ELI YERKINQN AMPEL E

Ա. Քոչարյանի տարբերակ
A. Kocharyan version

Էլի երկինքս ամպել է,
Յարըս ալ ձին թամբել է,
Ընձեն խռովել՝ կերթա,
Բոխչես կապել՝ ճամփել է:

Նախշուն հավքեր, անուշ հովեր, շեն աշխարհ,
Ասեք յարիս հերիք զարկե քարեքար:*

Արև չկա ինձ համար,
Չունիմ հանգիստ ու դադար,
Կանչեմ-կանչեմ չի գալիս,
Սերըս մնաց կիսկատար:

Հոգով, սրտով սիրեցի,
Անջաղ-անջաղ տիրեցի,
Լեզուդ լռվի, հե՜յ, դուշման,
Ուշ գտա, շուտ կորուցի:

Անուշ օրս դառնացավ,
Մեղքս ի՜նչ էր՝ մոռացավ,
Դուռը վըրես փակ թողեց,
Հե՜յ վախ, գնաց հեռացավ:

Տըված խոսքեն դառել է,
Սրտի սերը սառել է,
Սիրտս պոկեց ու գնաց,
Կարծես սիրտը մեռել է:

Մասիս, մեռնիմ էդ քու փեշին,
Ճամփա տուր զմրուխտ ղշին,
Յարս վեր առել՝ կերթա,
Ջիգյարս վառել՝ կերթա:

* Այս տողերը կրկնել ամեն տնից հետո,
բացի վեցերորդից, որը երգվում է
որպես եզրափակում:

Eli yerkink's ampel e,
Yarys al dzin t'ambel e,
Yndzen khrrovel՝ kert'a,
Bokhch'es kapel՝ champ'el e.

Nakhshun havk'er, anush hover, shen ashkharh,
Asek' yaris herik' zarke k'arek'ar.*

Arev ch'ka indz hamar,
Ch'unim hangist u dadar,
Kanch'em-kanch'em ch'i galis,
Serys mnats' kiskatar.

Hogov, srtov sirets'i,
Anjagh-anjagh tirets'i,
Lezud lrrvi, he´y, dushman,
Ush gta, shut koruts'i.

Anush ors darrnats'av,
Meghk's i´nch' er՝ morrats'av,
Durry vyres p'ak t'oghets',
He´y vakh, gnats' herrats'av.

Tyvats khosk'en darrel e,
Srti sery sarrel e,
Sirts pokets' u gnats',
Kartses sirty merrel e.

Masis, merrnim ed k'u p'eshin,
Champ'a tur zmrukht ghshin,
Yars ver arrel՝ kert'a,
Jigyars varrel՝ kert'a. *

* These lines are repeated after every verse
except for the sixth one,
which concludes the song.

My Sky Is Cloudy Again

My sky is gloomy again,
My love has saddled the red horse,
Upset with me, she flees,
Packed her things and set off.

> *Colourful birds, sweet breeze, beautiful world,*
> *Put my love at ease.*

There is no sun for me,
I cannot sleep,
I call for her, but she is gone,
My charm has waned.

I loved her with all my heart,
At long last I prevailed,
Silence yourself, oh foes!
Finding her took ages, losing her took a second.

My sweet day has bittered,
What have I done to be forgotten?
She shut the door on me,
And bolted.

She broke our bond,
Her love has frozen,
She shattered my heart and left,
It seems her heart is empty.

> *Masis, let me die upon your foothills,*
> *Give way to the emerald dove,*
> *My love took it, taking flight,*
> *Burnt my heart, taking flight.*

ԷԼԻ ԷՍՕՐ ՍԻՐՏՍ ԿՈՒԼԱ
ELI ESOR SIRTS KULA

Էլի էսօր սիրտս կուլա,
Սիրած յարին չի տեսել,
Էլի ամպեր քուլա-քուլա
Գլխիս դուման են դիզել։

Նա լիներ ծարավ, իսկ ես՝ պաղ աղբյուր,
Ջուր տայի նրան, նա ինձ՝ մեկ համբույր։

Կարծես վարդս թոռմած լինի,
Երգող բլբուլ էլ չունիմ,
Կարծես բախտս քնած լինի,
Սիրուն սմբուլ էլ չունիմ։

Նա լիներ բլբուլ, ես՝ վարդոտ պարտեզ,
Գիշեր ու ցերեկ երգեր իմ գրկես։

Հողմեր իջան սարեն-քարեն,
Բաղ ու բաղչես ավրեցին,
Ընդմիշտ կարոտ մնալ յարեն,
Ճակտիս էսպես գրեցին։

Նա լիներ կարապ, իսկ ես՝ մաքուր ծով,
Միշտ իմ ծոցիս մեջ լողար ողջ մարմնով։

Eli esor sirts kula,
Sirats yarin ch'i tesel,
Eli amper k'ula-k'ula
Glkhis duman yen dizel.

Na liner tsarav, isk yes` pagh aghbyur,
Jur tayi nran, na indz` mek hambuyr.

Kartses vards t'vorrmats lini,
Yergogh blbul el ch'unim,
Kartses bakhts k'nats lini,
Sirun smbul el ch'unim.

Na liner blbul, yes` vardot partez,
Gisher u ts'erek yerger im grkes.

Hoghmer ijan saren-k'aren,
Bagh u baghch'es avrets'in,
Yndmisht karot mnal yaren,
Chaktis espes grets'in.

Na liner karap, isk yes` mak'ur tsov,
Misht im tsots'is mej loghar voghj marmnov.

My Heart Still Cries Today

My heart still cries today
It has not seen its beloved,
The dark clouds return,
Fogging upon my head.

> *I wish she was thirsty,*
> *And I, a cold spring,*
> *I'd give her water,*
> *So she would give me a kiss.*

It seems my rose has withered,
No nightingales sing anymore,
It seems my luck has dried,
No flowers bloom anymore.

> *I wish she was a nightingale,*
> *And I, a rose garden,*
> *Day and night*
> *She would sing in my arms.*

Winds descended from the mountains,
Destroying my garden,
Destined to long for my love forever,
It was written upon my forehead.

> *I wish she was a swan,*
> *And I, a clean sea.*
> *She would swim in my bosom,*
> *With her whole body.*

ԷՆ ԻՄ ՍԵՐՆ Է
EN IM SERN E

Ո՞վ է տեսել նոճի ծառին նուռ բուսած,
Տերևներում չքնաղ լուսնիկ պատրուսած:

ԿՐԿՆԵՐԳ
Ոչ մեկ պարտիզում դեռ չեմ տեսել,
Ոչ էլ աշխարհում հատն է ծնվել,
Էն իմ տերն է,
Էն իմ սերն է,
Էն իմ փերին է,
Դարդոտ եմ...
Ա՜խ, սովդաքյար եմ,
Անդեղ ու ճար եմ,
Անհոգատար եմ:
Աստված սիրողը, սիրտ ունեցողը,
Թող չդիպնի՝ ես վշտահար եմ:

Ո՞վ է տեսել աչքերի տեղ աստղիկներ,
Ո՞վ է գծել շրթունքի տեղ ծաղիկներ:

Էն լուսնիկը սիրուն յարիս ճակատն է,
Էն չինարին իմ թառլանիս հասակն է:

Էն զույգ նուռը կաթնաղբյուր են կենսական,
Վառ աստղիկներ լույս են շաղում հոգեհան:

Ov e tesel nochi tsarin nurr busats,
Terevnerum ch'k'nagh lusnik patrusats.

CHORUS
Voch' mek partizum derr ch'em tesel,
Voch' el ashkharhum hatn e tsnvel,
En im tern e,
En im sern e,
En im p'erin e,
Dardot em...
A՜kh, sovdak'yar em,
Andegh u char em,
Anhogatar em.
Astvats siroghy, sirt unets'oghy,
T'ogh ch'dipni՝ yes vshtahar em.

O՞v e tesel ach'k'eri tegh astghikner,
O՞v e gtsel shrt'unk'i tegh tsaghikner.

En lusniky sirun yaris chakatn e,
En ch'inarin im t'arrlanis hasakn e.

En zuyg nurry kat'naghbyur en kensakan,
Varr astghikner luys en shaghum hogehan.

That's My Love

Who has seen a pomegranate growing on a cypress?
Or a bright moon grafted in its leaves?

> *She can't be found in any garden,*
> *She was never born in this world,*
> *She is my master,*
> *She is my love,*
> *She is my fairy,*
> *I'm heartbroken,*
> *For I'm in love,*
> *I'm weakened,*
> *And remiss.*
> *Leave me be*
> *I am crestfallen.*

Who has seen the tiny stars in your eyes?
Whose lips pucker as flower petals?

That moon is the temple of my beloved
That cypress is my beloved's physique

That pair of pomegranates are wellsprings of life
Those scattered stars makes me foolish.

ԷՍՕՐ ԱՐԱԶՆ ԵՍ ԳՆԱՑԵԼ
ESOR ARAZN ES GNATS'EL

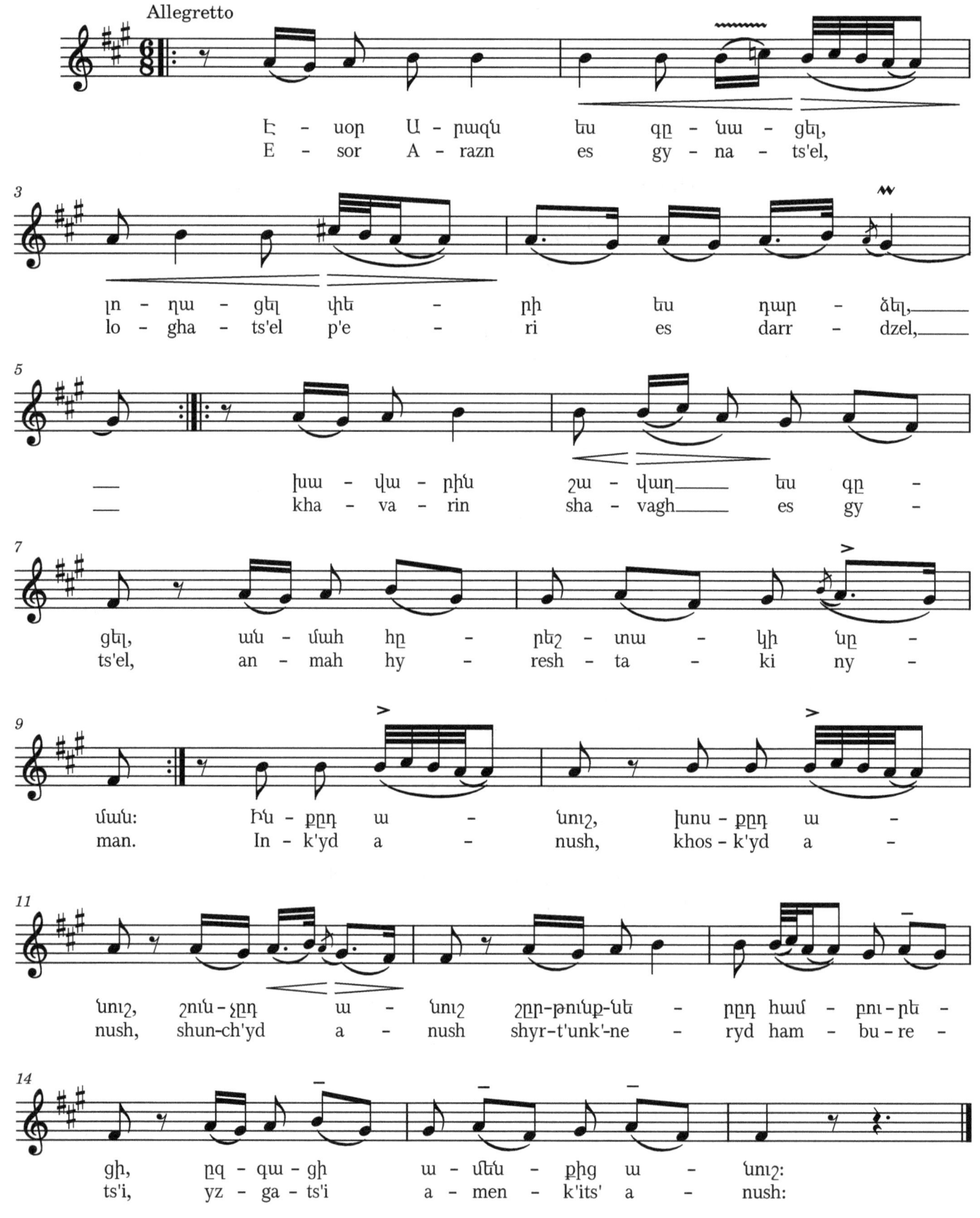

Էսօր Արազն ես գնացել,
Լողացել՝ փերի ես դարձել,
Խավարին շավաղ ես գցել,
Անմահ հրեշտակի նման:

ԿՐԿՆԵՐԳ
Ինքըդ անուշ, խոսքըդ անուշ, շունչըդ անուշ,
Շրթունքներդ համբուրեցի՝ զգացի ամենքից անուշ:

Հագել ես վարդագույն ատլաս,
Փաթաթել վզիդ ալ ու խաս,
Պճնվել ես, կշողշողաս,
Գարնան արեգակի նման:

Չունիմ գրիչ, լեզու ճարտար,
Գրեմ, գովեմ անձիդ համար,
Դիտողիդ կանես շանթահար,
Ամառվա կայծակի նման:

Esor Arazn es gnats'el,
Loghats'el՝ p'eri es dardzel,
Khavarin shavagh es gts'el,
Anmah hreshtaki nman.

CHORUS
Ink'yd anush, khosk'yd anush, shunch'yd anush,
Shrt'unk'nerd hamburets'i՝ zgats'i amenk'its' anush.

Hagel es vardaguyn atlas,
P'at'at'el vzid al u khas,
Pchnvel es, kshoghshoghas,
Garnan aregaki nman.

Ch'unim grich՝ lezu chartar,
Grem, govem andzid hamar,
Ditoghid kanes shant'ahar,
Amarrva kaytsaki nman.

You Went To Araz* Today

You went to Araz today,
Bathing, you became a fairy,
Your light casts a shadow over darkness,
Like an immortal angel.

> *You are sweetness,*
> *Your words sweet*
> *Your breath sweet*
> *I kissed your lips*
> *And tasted the sweetest sweetness.*

With soft pink satin
Caressing your neck like kisses
You are stunning and shining
Like the spring sun.

I have no pen or eloquent tongue
To put your praise into words.
You shock all who see you
Like the lightning of a summer storm.

—

* *Araz is the name of Araks river.*

ԸՆԴԴԻՄԱԽՈՍՈՒԹՅՈՒՆ
YNDDIMAKHOSUT'YUN

ՏՂԱ
Սազը դոշիս եմ դրել,
Սերդ սրտիս է տիրել,
Քնքուշ աղջիկ, ալվան ծաղիկ, իմ նանիկ,
Անուշ աղջիկ, քո սիրուց,
Ես մի աշուղ եմ դառել,
Քնքուշ աղջիկ, ալվան ծաղիկ, իմ նանիկ:

ԱՂՋԻԿ
Սազդ վեր դիր՝ թըվանք առ,
Գնա ընկի սարեսար,
Թառլան տղա, չինար տղա, ջան տղա,
Դուշմանի հախիցն արի,
Էնչախ կանեմ քեզ իմ յար,
Թառլան տղա, չինար տղա, ջան տղա:

ՏՂԱ
Երեսդ վարդ նմանի,
Լեզուդ սրտիս բալանի,
Քնքուշ աղջիկ, ալվան ծաղիկ, իմ նանիկ,
Էդ թառլանի աչքերդ,
Հոգիս հանել կտանի,
Քնքուշ աղջիկ, ալվան ծաղիկ, իմ նանիկ:

ԱՂՋԻԿ
Շատ սիրուն եմ, ալ վարդ եմ,
Մեծ պալատների զարդ եմ
Թառլան տղա, չինար տղա, ջան տղա,
Էս թառլանի աչքերով,
Շատ մարդոց կկախարդեմ,
Թառլան տղա, չինար տղա, ջան տղա:

ՏՂԱ
Վիզդ մարջան ես կապել,
Չոլի ջեյրան ես դառել,
Քնքուշ աղջիկ, ալվան ծաղիկ, իմ նանիկ,
Ինձ հալեցիր, մաշեցիր,
Հիմի ուրիշն ես ճարել,
Քնքուշ աղջիկ, ալվան ծաղիկ, իմ նանիկ:

ԱՂՋԻԿ
Ուրիշը ինձ արժան չէ,
Դու խոսքդ լավ ճանաչե,
Թառլան տղա, չինար տղա, ջան տղա,
Ես ուրիշին չեմ ճարել,
Խոսքդ ետ առ, ամաչե,
Թառլան տղա, չինար տղա, ջան տղա:

ՏՂԱ
Աչքս երեսիդ մնաց,
Խելքս գլխիցս գնաց,
Քնքուշ աղջիկ, ալվան ծաղիկ, իմ նանիկ,
Հեչ խիղճ չունիս քո սրտում,
Միրտս յարալու մնաց,
Քնքուշ աղջիկ, ալվան ծաղիկ, իմ նանիկ:

ԱՂՋԻԿ
Իմ ջանս քեզ հալալ է,
Սիրուն թշերս ալ է,
Թառլան տղա, չինար տղա, ջան տղա,
Կտրիճ տղա, իմ հոգին
Քեզի բաշխեմ՝ հալալ է,
Թառլան տղա, չինար տղա, ջան տղա:

ՏՂԱ
Ջահել, ջահել ծերացա,
Ա՛խ, քո սիրով էրեցա,
Քնքուշ աղջիկ, ալվան ծաղիկ, իմ նանիկ,
Գիշերս էնքան եմ լացել,
Հըլը աչքերս թաց ա,
Քնքուշ աղջիկ, ալվան ծաղիկ, իմ նանիկ:

ԱՂՋԻԿ
Ես մի կտրիճ յար կուզեմ,
Յարա սրտիս ճար կուզեմ,
Թառլան տղա, չինար տղա, ջան տղա,
Վզիս մարջան քեզ կուտամ,
Առանց էդ էլ սիրուն եմ,
Թառլան տղա, չինար տղա, ջան տղա:

ՏՂԱ
Հանդեն կուզաս կերթաս տուն,
Դու կմտնիս անուշ քուն,
Քնքուշ աղջիկ, ալվան ծաղիկ, իմ նանիկ,
Աղջի ինձ մենակ թողած
Բուերի պես չոլերուն,
Քնքուշ աղջիկ, ալվան ծաղիկ, իմ նանիկ:

ԱՂՋԻԿ
Գիշեր-ցերեկ ման արի,
Թվանք ու խանչալ ճարի,
Թառլան տղա, չինար տղա, ջան տղա,
Դուշմաններիս ջախջախի,
Նոր պարզերես տուն արի,
Թառլան տղա, չինար տղա, ջան տղա:

BOY
Sazy doshis em drel,
Serd srtis e tirel,
K'nk'ush aghjik, alvan tsaghik, i'm nanik,
Anush aghjik, k'o siruts',
Yes mi ashugh yem darrel,
K'nk'ush aghjik, alvan tsaghik, i'm nanik.

GIRL
Sazd ver dir` t'yvank' arr,
Gna ynki saresar,
T'arrlan tgha, ch'inar tgha, ja´n tgha,
Dushmani hakhits'n ari,
Ench'akh kanem k'ez im yar,
T'arrlan tgha, ch'inar tgha, ja´n tgha.

BOY
Yeresd vard nmani,
Lezud srtis balani,
K'nk'ush aghjik, alvan tsaghik, i'm nanik,
Ed t'arrlani ach'k'erd,
Hogis hanel ktani,
K'nk'ush aghjik, alvan tsaghik, i'm nanik.

GIRL
Shat sirun em, al vard yem,
Mets palatneri zard em
T'arrlan tgha, ch'inar tgha, ja´n tgha,
Es t'arrlani ach'k'erov,
Shat mardots' kkakhardem,
T'arrlan tgha, ch'inar tgha, ja´n tgha.

BOY
Vizd marjan es kapel,
Ch'oli jeyran es darrel,
K'nk'ush aghjik, alvan tsaghik, i'm nanik,
Indz halets'ir, mashets'ir,
Himi urishn es charel,
K'nk'ush aghjik, alvan tsaghik, i'm nanik.

GIRL
Urishy indz arzhan ch'e,
Du khosk'd lav chanach'e,
T'arrlan tgha, ch'inar tgha, ja´n tgha,
Yes urishin ch'em charel,
Khosk'd yet arr, amach'e,
T'arrlan tgha, ch'inar tgha, ja´n tgha.

BOY
Ach'k's yeresid mnats',
Khelk's glkhits's gnats',
K'nk'ush aghjik, alvan tsaghik, i'm nanik,
Hech' khighch ch'unis k'o srtum,
Sirts yaralu mnats',
K'nk'ush aghjik, alvan tsaghik, i'm nanik.

GIRL
Im jans k'ez halal e,
Sirun t'shers al e,
T'arrlan tgha, ch'inar tgha, ja´n tgha,
Ktrich tgha, im hogin
K'ezi bashkhem` halal e,
T'arrlan tgha, ch'inar tgha, ja´n tgha.

BOY
Jahel, jahel tserats'a,
A´kh, k'o sirov erets'a,
K'nk'ush aghjik, alvan tsaghik, i'm nanik,
Gishers enk'a´n em lats'el,
Hyly ach'k'ers t'ats' a,
K'nk'ush aghjik, alvan tsaghik, i'm nanik.

GIRL
Yes mi ktrich yar kuzem,
Yara srtis char kuzem,
T'arrlan tgha, ch'inar tgha, ja´n tgha,
Vzis marjan k'ez kutam,
Arrants' ed el sirun em,
T'arrlan tgha, ch'inar tgha, ja´n tgha.

BOY
Handen kugas kert'as tun,
Du kmtnis anush k'un,
K'nk'ush aghjik, alvan tsaghik, i'm nanik,
Aghji indz menak t'oghats
Buyeri pes ch'olerun,
K'nk'ush aghjik, alvan tsaghik, i'm nanik.

GIRL
Gisher-ts'erek man ari,
T'vank' u khanch'al chari,
T'arrlan tgha, ch'inar tgha, ja´n tgha,
Dushmanneris jakhjakhi,
Nor parzeres tun ari,
T'arrlan tgha, ch'inar tgha, ja´n tgha.

ԹԱՌԸ ԴՈՇԻՍ
T'ARRY DOSHIS

Թառը դոշիս զոր ու գիշեր,
Սալթ քեզ համար խաղ եմ կանչում,
Բաղը շատ կան սիրուն ղըշեր,
Համա, լորըս, քեզ եմ կանչում:

ԿՐԿՆԵՐԳ
Մեկ արի, յա՛ր ջան,
Յաղութ ու մարջան,
Շողշողուն քարըս,
Անգին գոհարըս:

Ընչի էդպես հեռու ընկար,
Գնացիր, էլ ետ չես գալիս,
Վայ թե ընձեն լավը գտար...
Իմ սիրուն է քեզ համար լալիս:

Անսի՛րտ, հեչ չէ թաք մեկ անգամ,
Արի տեսնիմ երեսդ լույս,
Մի սիրտ մնաց էն էլ քեզ տամ,
Հոտուն վարդս դրախտի բույս:

Քանի դեռ որ շունչ կա մեջըս,
Քեզնեն բնավ չեմ կշտանա,
Ինչքան էլ որ հոգիս տանջես,
Ոչ մի վայրկյան չեմ վշտանա:

T'arry doshis zor u gisher,
Salt' k'ez hamar khagh em kanch'um,
Baghy shat kan sirun ghysher,
Hama, lorys, k'ez yem kanch'um.

CHORUS
Mek ari, yár jan,
Yaghut' u marjan,
Shoghshoghun k'arys,
Angin goharys.

Ynch'i edpes herru ynkar,
Gnats'ir, el yet ch'es galis,
Vay t'e yndzen lavy gtar...
Im sirun e k'ez hamar lalis.

Ansírt, hech' ch'e t'ak' mek angam,
Ari tesnim yeresd luys,
Mi sirt mnats' en el k'ez tam,
Hotun vards drakhti buys.

K'ani derr vor shunch' ka mejys,
K'eznen bnav ch'em kshtana,
Inch'k'an el vor hogis tanjes,
Voch' mi vayrkyan ch'em vshtana.

My Lute On My Chest

With the lute on my chest, day and night,
I sing a song just for you,
Of all the birds that grace my garden,
Hail, my quail, I call for you.

> *Come, my dear!*
> *My ruby and coral,*
> *My shining jewel,*
> *My precious gem.*

How did I lose you?
Leaving, you won't return,
Perhaps you found a suitor more suited,
My love weeps for you.

Don't be heartless, just once,
Grace me with your face aglow,
Let me give you the last love in my heart,
My fragrant rose, my bird of paradise.

As long as there is breath within me
I cannot feel peace without you,
Despite the anguish you bestow my soul
I will not lament a moment.

ԹԱՌԼԱՆ - ԹԱՌԼԱՆ
T'ARRLAN - T'ARRLAN

ես մա-տաղ իմ դար - դա - տա - րին ես մա-տաղ:
yes ma-tagh im dar - da - ta - rin yes ma-tagh.

Թառլան, թառլան իմ յարը,
Դարդերիս դեղ ու ճարը,
Ծլած-ծաղկած հանդի մեջ,
Քնած է իմ սարդարը:

ԿՐԿՆԵՐԳ
Պալա՛ յարիս հատը, ջանիս հատը
Չկա, չկա սաղ աշխարհի մեջ,
Չկա վառ, պայծառ աստղերի մեջ,
Յարիս հատը, ջանիս հատը, ջանիս հատը.
Դրախտի ծաղիկ է իմ յարը.
Իմ նազատարին ես մատաղ,
Իմ դարդատարին ես մատաղ:

Էրթամ ձեն տամ, վեր հանեմ,
Վիզը ընկնիմ, տուն տանեմ,
Փաթաթվիմ անգին կրծքին,
Սրտիս սերը բաց անեմ:

Էն իմ սրտի սիրածին,
Էն իմ աչքի ջոկածին,
Հալալ-զուլալ ես մատաղ,
Աննման արարածին:

T’arrlan, t’arrlan im yary,
Darderis degh u chary,
Tslats-tsaghkats handi mej,
K’nats e im sardary.

CHORUS
Pala´ yaris haty, janis haty
Ch’ka, ch’ka sagh ashkharhi mej,
Ch’ka varr, paytsarr astgheri mej,
Yaris haty, janis haty, janis haty.
Drakhti tsaghik e im yary.
Im nazatarin yes matagh,
Im dardatarin yes matagh.

Ert’am dzen tam, ver hanem,
Vizy ynknim, tun tanem,
P’at’at’vim angin krtsk’in,
Srtis sery bats’ anem.

En im srti siratsin,
En im ach’k’i jokatsin,
Halal-zulal yes matagh,
Annman araratsin.

Beautiful, Beautiful

Beautiful, beautiful is my love,
A balm for all my pains
In the blossomed flower fields
My master sleeps.

> *My love is rare, my love is rare,*
> *There is none, there is none*
> *That shine like her among the stars,*
> *My love is rare, my love is rare,*
> *My love is a bird of paradise,*
> *I love you, my whim-bearer,*
> *I love you, my woe-bearer,*

I'll call upon her and court her heart,
I'll embrace her and take her home,
Embraced in her wonderous bosom
I'll open the love of my heart.

My heart's dearest,
The apple of my eye,
Flawless and pure,
A heavenly angel.

ԻՄ ՅԱՐԸ
IM YARY

Թև առնեի, ղուշ էղնեի թռնեի,
Վեր սլացող էն թռչնիկը բռնեի:

ԿՐԿՆԵՐԳ
Լե՜, լե՜, լե՜, լե՜, լե՜,
Բռնեի,
Լե՜, լե՜, լե՜, լե՜, լե՜,
լե՜, լե՜, լե՜:
Ջանը մետաքս է, խաս է,
Սիրուն է, ոսկեթաս է,
Ով որ նրան տեսնի մի անգամ,
Հասնի մի անգամ,
Էլ իր կյանքում դարդ ու ցավը,
Չի մոտենա, հե՜յ,
Անփուշ վարդ է,
Անգին զարդ է,
Իմ յարը:

Սիրտս սրտին, հոգիս հոգուն խառնեի,
Էս աշխարհքեն իմ մուրազս առնեի:

Ատամներեն ալմաստ-գոհար կցոլա,
Շրթունքները անգին յաղութ ալվալա:

Բարձրացել է ամպերի հետ խաղ կենե,
Սև աչքերեն մարդկանց կայծեր շաղ կենե:

T'ev arrneyi, ghush eghneyi t'rrneyi,
Ver slats'ogh en t'rrch'niky brrneyi.

CHORUS
Le', le', le', le', le',
Brrneyi,
Le', le', le', le', le',
le', le', le'.
Jany metak's e, khas e,
Sirun e, vosket'as e,
Ov vor nran tesni mi angam,
Hasni mi angam,
El ir kyank'um dard u ts'avy,
Ch'i motena, he'y,
Anp'ush vard e,
Angin zard e,
Im yary.

Sirts srtin, hogis hogun kharrneyi,
Es ashkharhk'en im murazs arrneyi.

Atamneren almast-gohar kts'ola,
Shrt'unk'nery angin yaghut' alvala.

Bardzrats'el e amperi het khagh kene,
Sev ach'k'eren mardkants' kaytser shagh kene.

ԻՄ ՍԻՐՈՒՀՈՒՆ
IM SIRUHUN

Քնքուշ մատներդ կարկառե,
Սրտիս մութ քողը պատառե, չարդ տանիմ,
Հանգած ճրագն իմ եկ վառե:

ԿՐԿՆԵՐԳ
Կյանքս մատաղ,
Կյանքս մատաղ,
Սրտիս սիրածը,
Չարըդ տանիմ:

Ես բլբուլ եմ, դու վարդ ծաղիկ,
Ա՜խ, լալիս եմ մաղիկ-մաղիկ, չարդ տանիմ,
Խղճա կյանքիս, հուրի աղջիկ:

Զարդարվել ես, կշորորաս,
Նոճու պես կանգնել կորորաս, չարդ տանիմ,
Եղել ես գլխիս պատուհաս:

Շահմար հյուսքդ արձակեցիր,
նետերը սիրտըս խրեցիր, չարդ տանիմ,
Ողջ մարմինս խողոտեցիր:

K'nk'ush matnerd karkarre,
Srtis mut' k'voghy patarre, ch'ard tanim,
Hangats chragn im yek varre.

CHORUS
Kyank's matagh,
Kyank's matagh,
Srtis siratsy,
Ch'aryd tanim.

Yes blbul yem, du vard tsaghik,
A´kh, lalis yem maghik-maghik, ch'ard tanim,
Khghcha kyank'is, huri aghjik.

Zardarvel yes, kshororas,
Nochu pes kangnel kororas, ch'ard tanim,
Yeghel yes glkhis patuhas.

Shahmar hyusk'd ardzakets'ir,
netery sirtys khrets'ir, ch'ard tanim,
Voghj marmins khoghotets'ir.

ԼԵ ԼԵ ՅԱՐԸՄ
LE LE YARYM

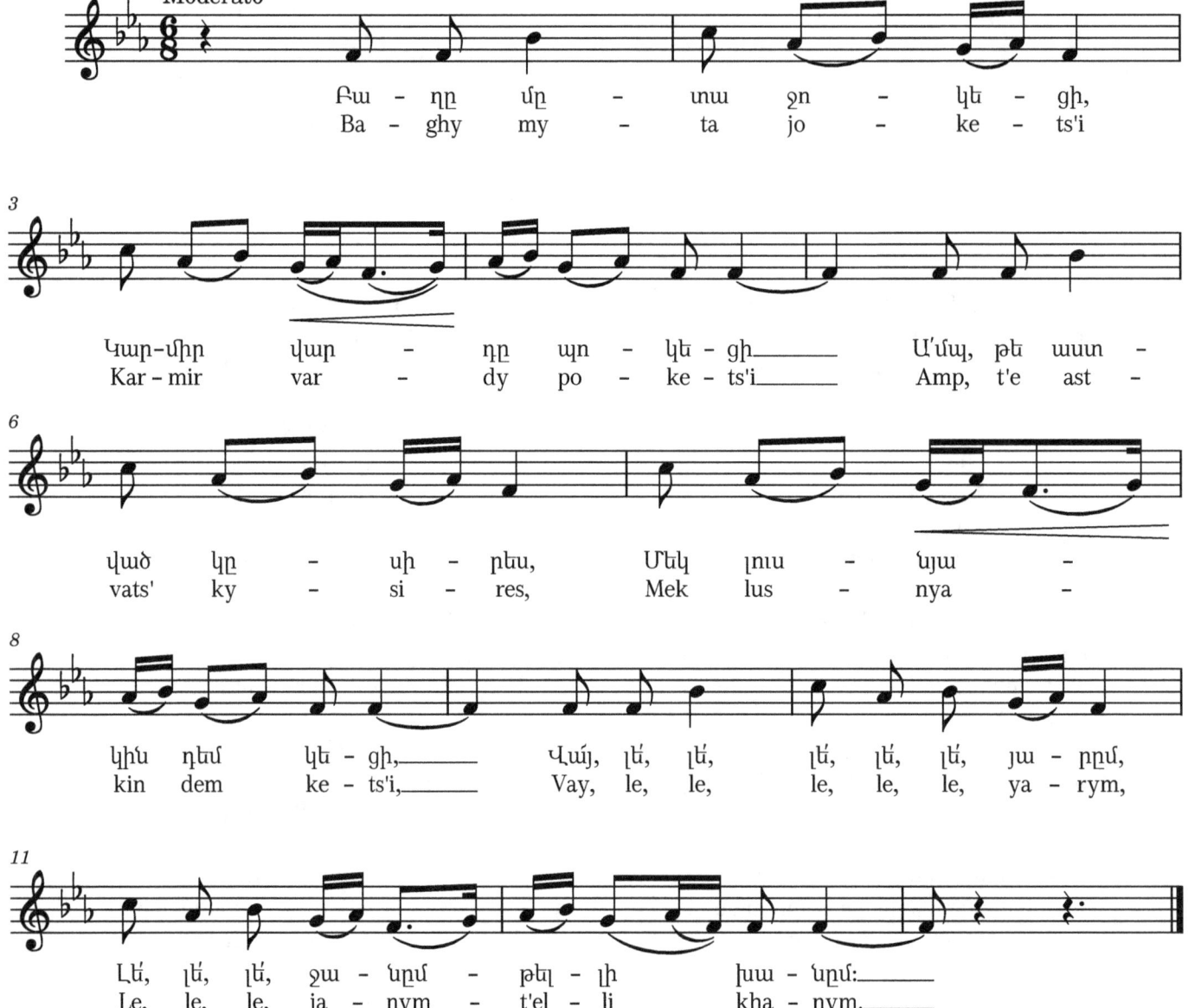

Բաղը մտա ջոկեցի,
Կարմիր վարդը պոկեցի,
Ա՛մպ, թե աստված կսիրես,
Մեկ լուսնյակին դեմ կեցի:

ԿՐԿՆԵՐԳ
Վա՜յ, լե՜, լե՜, լե՜, լե՜, լե՜, յարըմ,
Լե՜, լե՜, լե՜, ջանըմ, թելլի խանըմ:

Տեյմոր հասնիմ յարիս տուն,
Հանվիմ մտնիմ անուշ քուն,
Էլի ետ դարձիր գնա,
Նստի սարերուն:

Ես կերթամ կես գիշերին,
Էրնեկ քնած ղշերին,
Ոչ դարդ գիտեն, ոչ սավդա,
Չեն էլ դիպնի փշերին:

Baghy mta jokets'i,
Karmir vardy pokets'i,
A'mp, t'e astvats ksires,
Mek lusnyakin dem kets'i.

CHORUS
Va´y, le´, le´, le´, le´, le´, yarym,
Le´, le´, le´, janym, t'elli khanym.

Teymor hasnim yaris tun,
Hanvim mtnim anush k'un,
Eli yet dardzir gna,
Nsti sarerun.

Yes kert'am kes gisherin,
Ernek k'nats ghsherin,
Voch' dard giten, voch' savda,
Ch'en el dipni p'sherin.

ԽԵՂՃ ՀՈՎԻՎ ԵՄ
KHEGHCH HOVIV EM

Խեղճ հովիվ եմ սարի գլխին,
Անտեր, մենակ դարի գլխին,
Ես մատաղ իմ յարի գլխին...

ԿՐԿՆԵՐԳ
Խլեցին տարան յարս,
Տարան ֆիտան չինարս,
Խորովեցին ջիգյարս:
Սիրուն սարե՛ր, արև արեք,
Անուշ հովե՛ր, բարև տարեք:

Անձրևի տակ, քամու բերան,
Էկան մեկուճարս տարան.
Աշխարհս եղավ սև ու վերան...

Էս սարերում զոր ու գիշեր
Կերգեն անուշ հավքեր, ղշեր,
Ամեն էս վախթ ճամփես կաշեր...

Էն մի աստղ էր, թռավ գնաց,
Սիրտս հետը տարավ գնաց,
Ալ վարդըս ու՞ր թոշնավ գնաց...

"Անջուր պարտեզ", էջ. 84:

Kheghch hoviv em sari glkhin,
Anter, menak dari glkhin,
Yes matagh im yari glkhin...

CHORUS
Khlets'in taran yars,
Taran fitan ch'inars,
Khorovets'in jigyars.
Sirun sare'r, arev arek',
Anush hove'r, barev tarek'.

Andzrevi tak, k'amu beran,
Ekan mekuchars taran.
Ashkharhs yeghav sev u veran...

Es sarerum zor u gisher
Kergen anush havk'er, ghsher,
Amen es vakht' champ'es kasher...

En mi astgh er, t'rrav gnats',
Sirts hety tarav gnats',
Al vardys u՞r t'voshnav gnats'...

"Anjur partez", page 84.

ԽՆՈՒՍ ԳԵՂԻ ՄԵՋՏԵՂԸ
KHNUS GEGHI MEJTEGHY

Խնուս գեղի մեջտեղը
Խրամայեց մենծ շեխը...
Թորգեց զիս լաց ու շիվան
Յարսի տարավ մենծ պեխը...

ԿՐԿՆԵՐԳ
Տարան, տարան զիմ յարը,
Տարան զիմ մեկուճարը,
Հավար էրեք Սարոյին՝
Տարան խորոտ Վառոյին:

Իմ յարն անմեղ ճնճղուկ է,
Յարա սրտիս դեղուկ է,
Մենծ պեխի սուր խանչալից
Զիմ սիրտ ճեղուկ-ճեղուկ է:

Յարիս ծամերն էր ոսկի,
Դակմա չըր իգա խոսքի...
Զոռ հա զոռ փախցուց տարավ
Էն մենծ պեխը անխոզի:

Անուն Վառո էր յարիս,
Խող քաշեցի զիմ հալիս,
Էն մենծ պեխի կեռ թուրը
Կտրեց թելեր իմ մեջքիս:

Մացի եւտևեն լալով,
Գլխուս բրչամ պոկելով,
Էն օրեն մեռա՝ մացի
Քար ու քռա ընկնելով:

Khnus geghi mejteghy
Khramayets' ments shekhy...
T'orgets' zis lats' u shivan
Yarsi tarav ments pekhy...

CHORUS
Taran, taran zim yary,
Taran zim mekuchary,
Havar erek' Saroyin՝
Taran khorot Varroyin.

Im yarn anmegh chnchghuk e,
Yara srtis deghuk e,
Ments pekhi sur khanch'alits'
Zim sirt cheghuk-cheghuk e.

Yaris tsamern er voski,
Dakma ch'yr iga khosk'i...
Zorr ha zorr p'akhts'uts' tarav
En ments pekhy ankhogi.

Anun Varro er yaris,
Khogh k'ashets'i zim halis,
En ments pekhi kerr t'ury
Ktrets' t'eler im mejk'is.

Mats'i yeteven lalov,
Glkhus brch'am pokelov,
En oren merra՝ mats'i
K'ar u k'rra ynknelov.

ԽՈՐ ՄԵԾ ԾՈՎԵՐ
KHOR METS TSOVER

Խոր մեծ ծովեր, մեղմացուցեք
Ալիքները ձեր կատաղած,
Վառված սրտիս հով սփռեցեք,
Անղեկ նավ եմ անճար թողած:

ԿՐԿՆԵՐԳ
Խաս վարդի պես պահեցի,
Նուշ-անուշ փայփայեցի,
Քնքույշ լանջը շոյեցի,
Սրտադող նազերը,
Ոսկեշող մազերը.
Մի գերի ես շինել ինձ,
Յա՛ր, յա՛ր, յա՛ր:

Կորուցել եմ հոգուս յարին,
Թողեք անցնիմ բալքի գտնիմ
Մուրազատու իմ սարդարին,
Սիրտս առնիմ գիրկը ընկնիմ:

Սարերին շատ աղաչեցի,
Շատ խնդրեցի, բայց մերժեցին,
Նրանց փեշին ծունկ չոքեցի,
Խոստացան տալ, բայց դրժեցին:

Այժմ եկել ձեզ կաղաչեմ,
Ճամփա կուզեմ՝ էրթամ յարիս,
Սիրահար եմ, կարծր քար չեմ,
Շատ եմ ծարավ հոգետարիս:

Khor mets tsover, meghmats'uts'ek'
Alik'nery dzer kataghats,
Varrvats srtis hov sp'rrets'ek',
Anghek nav em anchar t'oghats.

CHORUS
Khas vardi pes pahets'i,
Nush-anush p'ayp'ayets'i,
K'nk'uysh lanjy shoyets'i,
Srtadogh nazery,
Voskeshogh mazery.
Mi geri yen shinel indz,
Ya´r, ya´r, ya´r.

Koruts'el em hogus yarin,
T'oghek' ants'nim balk'i gtnim
Murazatu im sardarin,
Sirts arrnim girky ynknim.

Sarerin shat aghach'ets'i,
Shat khndrets'i, bayts' merzhets'in,
Nrants' p'eshin tsunk ch'ok'ets'i,
Khostats'an tal, bayts' drzhets'in.

Ayzhm yekel dzez kaghach'em,
Tchamp'a kuzem` ert'am yaris,
Sirahar em, kartsr k'ar ch'em,
Shat em tsarav hogetaris.

Oh, Deep Vast Seas

Oh, deep vast seas, calm down please
Your raging waves that storm,
My heart, aflame, blows in the breeze
I've lost my way home.

> *I cared for her like a velvet rose,*
> *And cherished softly day by day*
> *Caressed her chest…*
> *Her coyness gave me a bolt,*
> *And her golden hair*
> *Set my heart arrest,*
> *My love, my love, my love!*

I've lost my love,
So let me go in pain
To find the blissful one
And fall into her arms again.

I begged the mountains
Without end, but I am scorned.
Crying on my knees, they yielded
But promises were torn.

I beg once more,
Please help me find my dove!
My heart is softened, uncalloused
It's thirsty for her love.

ԿԱՅՆԻ ՄԵԿ ՅԱՐ ՍԵՅՐ ԱՆԵՄ
KAYNI MEK YAR SEYR ANEM

Սև-սև աչերիդ ղուրբան,
Երկեն սաչերիդ ղուրբան,
Կայնի մեկ, յա՛ր, սեյր անեմ,
Անուշ պաչերիդ ղուրբան,
Կայնի մեկ, յա՛ր, սեյր անեմ,
Թառլանի բոյիդ հեյրան եմ:

Կոկվել ես կերթաս սեյրան,
Համ մարալ ես, համ ջեյրան,
Կայնի մեկ, յա՛ր, սեյր անեմ,
Մնացի ջանիդ հեյրան,
Կայնի մեկ, յա՛ր, սեյր անեմ,
Թառլանի բոյիդ հեյրան եմ:

Բաղը լիքն է վարդերով,
Սիրտս լիքն է դարդերով,
Կայնի մեկ, յա՛ր, սեյր անեմ,
Տնկոզցել ես զարդերով,
Կայնի մեկ, յա՛ր, սեյր անեմ,
Թառլանի բոյիդ հեյրան եմ:

Ելել ես կերթաս բազար,
Բարին մեկ՝ չարն է հազար,
Կայնի մեկ, յա՛ր, սեյր անեմ,
Աղոթե՝ չտան նազար,
Կայնի մեկ, յա՛ր, սեյր անեմ,
Թառլանի բոյիդ հեյրան եմ:

Sev-sev ach'erid ghurban,
Yerken sach'erid ghurban,
Kayni mek, ya'r, seyr anem,
Anush pach'erid ghurban
Kayni mek, ya'r, seyr anem,
T'arrlani boyid heyran em.

Kokvel es kert'as seyran,
Ham maral es, ham jeyran,
Kayni mek, ya'r, seyr anem,
Mnats'i janid heyran,
Kayni mek, ya'r, seyr anem,
T'arrlani boyid heyran em.

Baghy lik'n e varderov,
Sirts lik'n e darderov,
Kayni mek, ya'r, seyr anem,
Tnkozts'el es zarderov,
Kayni mek, ya'r, seyr anem,
T'arrlani boyid heyran em.

Yelel es kert'as bazar,
Barin mek` ch'arn e hazar,
Kayni mek, ya'r, seyr anem,
Aghot'e` ch'tan nazar,
Kayni mek, ya'r, seyr anem,
T'arrlani boyid heyran em.

ԿԱՊԵԼ ԵՍ ՀՅՈՒՍՈՎԴ
KAPEL ES HYUSOVD

Կապել ես հյուսովդ,
Բանտըդ ես գցել,
Էշխիդ սուր նետերը
Սիրտս ես ցցել:
Յա՜ր,
Անսիրտ, անջիգյար:

ԿՐԿՆԵՐԳ
Վարդ էի՝ փուշ եմ դառել,
Անղանադ ղուշ եմ դառել,
Յա՜ր, յա՜ր, վառ էշխիդ համար:

Առավոտ երեկո
Ճամփեդ կսպասեմ,
Ուր ես, եկ մեկ լեզուդ,
Խոսելդ լսեմ,
Յա՜ր,
Անսիրտ, անջիգյար:

Տեսնում եմ երազում
Միշտ քեզ միայնակ,
Իմ սիրուն, աննման,
Փայլուն արուսյակ:
Յա՜ր,
Անսիրտ, անջիգյար:

Առանց քեզ կյանք չունիմ,
Դեհ, հասիր, կյանք տուր,
Վառա ու էրեցա,
Ինձ մեկ ջուր հասուր:
Յա՜ր,
Անսիրտ, անջիգյար:

Թանկագին ռոպեներ
Անցան գնացին,
Սիրուդ վառ բոցերը
Մեջս մնացին,
Յա՜ր,
Անսիրտ, անջիգյար:

Kapel es hyusovd,
Bantyd es gts'el,
Eshkhid sur netery
Sirts yes ts'ts'el.
Ya´r,
Ansirt, anjigyar.

CHORUS
Vard ei՝ p'ush yem darrel,
Anghanad ghush yem darrel,
Ya´r, ya´r, varr eshkhid hamar.

Arravot yereko
Champ'ed kspasem,
Ur es, yek mek lezud,
Khoseld lsem,
Ya´r,
Ansirt, anjigyar.

Tesnum em yerazum
Misht k'ez miaynak,
Im sirun, annman,
P'aylun arusyak.
Ya´r,
Ansirt, anjigyar.

Arrants' k'ez kyank' ch'unim,
Deh, hasir, kyank' tur,
Varra u erets'a,
Indz mek jur hasur.
Ya´r,
Ansirt, anjigyar.

T'ankagin ropener
Ants'an gnats'in,
Sirud varr bots'ery
Mejs mnats'in,
Ya´r,
Ansirt, anjigyar.

ԿՈԼԽՈԶ ԱՂՋԻԿ
KOLKHOZ AGHJIK

Մեկ աղջիկ եմ շատ սիրուն,
Անձրև կուզեմ արտերուն,
Յարս կոլխոզ տղեն է,
Մեռնիմ նրա աչերուն:

Պիտի ապրիմ էնոր հետ,
Որ չը՛ ընկնիմ գործից ետ,
Ես իմ յարեն չեմ անցնի,
Թեկուզ զարկեն սրտիս նետ:

Կոլխոզ տղի աչքերը,
Էս իմ կամար ունքերը,
Իրար էնպես են սազում,
Ինչխոր հասած արտերը:

Ով ինչ կուզե թող խոսի,
Հեչ ականջս չի լսի,
Կուզեն ոսկով ինձ խաբեն,
Կոլխոզ տղա, եկ հասի:

Տեսնինք Շերամն ինչ կսե,
Չեղնի էն էլ բամբասե,
"Ով ում կուզե թող ուզե,
Աշխարհի բանն էսպես է":

Mek aghjik em shat sirun,
Andzrev kuzem arterun,
Yars kolkhoz tghen e,
Merrnim nra ach’erun.

Piti aprim enor het,
Vor ch’y′ ynknim gortsits’ yet,
Yes im yaren ch’em ants’ni,
T’ekuz zarken srtis net.

Kolkhoz tghi ach’k’ery,
Es im kamar unk’ery,
Irar enpes yen sazum,
Inch’khor hasats artery.

Ov inch’ kuze t’ogh khosi,
Hech’ akanjs ch’i lsi,
Kuzen voskov indz khaben,
Kolkhoz tgha, yek hasi.

Tesnink’ Sheramn inch’ kse,
Ch’eghni en el bambase,
"Ov um kuze t’ogh uze,
Ashkharhi bann espes e".

ԿՈԿՈՆ ՎԱՐԴԵՐԻ ՆՄԱՆ
KOKON VARDERI NMAN

Ko - kon var - de - ri ny - man
քեզ հա - մար շատ սո - խակ - ներ,
գի - շեր - ցե - րեկ կը - ող - բան:

Կոկոն վարդերի նման
Բացվում ես դու անպայման,
Քեզ համար շատ սոխակներ
Գիշեր ցերեկ կըողբան:

Արևի պես փայլում ես,
Մատաղ սրտեր այրում ես,
Ով քեզ սրտով է սիրում,
Նրան էլ տոչորում ես:

Երկու աստղեր երկնային,
Ցոլում են քո լույս դեմքին,
Աղեղ ունքերիդ տակին,
Շանթահարում իմ սրտին:

Kokon varderi nman
Bats'vum es du anpayman,
K'ez hamar shat sokhakner
Gisher ts'erek kyoghban.

Arevi pes p'aylum es,
Matagh srter ayrum es,
Ov k'ez srtov e sirum,
Nran el toch'orum es.

Yerku astgher yerknayin,
Ts'olum en k'o luys demk'in,
Aghegh unk'erid takin,
Shant'aharum im srtin.

Like Rose Buds

Like budding roses
You'll open one day
For you, countless nightingales
Will cry day and night.

You shine like the sun
Setting hearts on fire,
Whomever loves you wholeheartedly
Will feel the heat of your flame.

Two celestial stars
Shine upon your face,
Beneath the bow of your brow,
Striking my heart with a bolt.

ՀԱԶԱՐ ԷՐՆԵԿ
HAZAR ERNEK

Հազար էրնեկ էն գիշերին,
Որ ինձ բութա տվեցիր,
Ոսկե թռչնիկ, իմ հեգ սրտին,
Ձեռքդ զարկիր, խլեցիր:

ԿՐԿՆԵՐԳ
Էն օրվանեն բեխաբար,
Եղա դադարկուն, անճար
Ո՛չ մի անգամ մոտիկ կուգաս,
Ո՛չ էլ իսպառ կհեռանաս:

Ոսկե թասը լիքը գինով,
Անուշ գինով մուրազի,
Կտաս նրան հազար նազով,
Ով որ քեզ կըերազի:

Ես խմեցի… էն օրվանեն
Դեռ հարբած եմ քո էշխեն,
Թե բութա էր, հապա ու՞ր է…
Չեմ հասնի իմ մուրազին:

Hazar ernek en gisherin,
Vor indz but'a tvets'ir,
Voske t'rrch'nik, im heg srtin,
Dzerrk'd zarkir, khlets'ir.

CHORUS
En orvanen bekhabar,
Yegha dadarkun, anchar
Vo'ch' mi angam motik kugas,
Vo'ch' el isparr kherranas.

Voske t'asy lik'y ginov,
Anush ginov murazi,
Ktas nran hazar nazov,
Ov vor k'ez kyyerazi.

Yes khmets'i… en orvanen
Derr harbats yem k'o eshkhen,
T'e but'a er, hapa u῾r e…
Ch'em hasni im murazin.

I Wish It Was That Night

I wish it was that night,
When you promised me your love,
My golden bird, into your palms,
You took my aching heart away.

> *Ever since, I've become foolhardy,*
> *Anxious and uneasy with despair,*
> *You neither draw near,*
> *Nor truly depart.*

Your golden bowl is full of wine,
Sweet with the taste of desire,
Its destined for your chosen one,
Who will sleep dreaming of you.

I drank, and since that day
I've been drunk with your love,
If it was a promise, where is it?
Nothing else will quench my thirst.

ՀԱԼԱԼ ԷՐԱ
HALAL ERA

Ճամփորդ եմ, ջանիդ ղուրբան,
Կաց բարով, ջա՛ն սիրական,
Սիրտս քեզ մոտ կթողնիմ,
Չեղնի մնաս անգյուման:

ԿՐԿՆԵՐԳ
Շամամ լանջեդ, շավաղ լանջեդ,
Մեկ-մեկ համբույր
Հալալ էրա, հալալ էրա, հալալ էրա:

Աղբյուր բխեց ժեռ քարեն,
Մարալն իջավ սեգ սարեն,
Ուրիշեն ումուտ չունիմ,
Մենակ դուն ես իմ չարեն:

Շատացան դուշմաններս,
Իրար մի տա դարդերս,
Աստված վրեդ բարկանա,
Թե որ ուրիշ յար ճարես:

Լուսաստղը ելավ արդեն,
Կերգե բլբուլն իր վարդեն,
Քյարվան էկավ անց կացավ,
Խաբար չունիս իմ դարդեն:

Champ'ord em, janid ghurban,
Kats' barov, ja´n sirakan,
Sirts k'ez mot kt'oghnim,
Ch'eghni mnas angyuman.

CHORUS
Shamam lanjed, shavagh lanjed,
Mek-mek hambuyr
Halal era, halal era, halal era.

Aghbyur bkhets' zherr k'aren,
Maraln ijav seg saren,
Urishen umut ch'unim,
Menak dun es im ch'aren.

Shatats'an dushmanners,
Irar mi ta darders,
Astvats vred barkana,
T'e vor urish yar chares.

Lusastghy yelav arden,
Kerge blbuln ir varden,
K'yarvan ekav ants' kats'av,
Khabar ch'unis im darden.

ՀԵՅՐԱՆ-ՋԵՅՐԱՆ
HEYRAN-JEYRAN

Արի իրիկնահովին,
Մեկտեղ էրթանք մեծ արտը,

ԿՐԿՆԵՐԳ
Նազելի ջան, հեյրան-ջեյրան,
Բոյիդ ղուրբան, սոյիդ ղուրբան

Քնինք էն անուշ զովին,
Մոռնանք աշխարհի դարդը:

Նազելի ջան և այլն...

Մարդաբոյ են հասկերը,
Մեզի մարդիկ չեն տեսնի,

Նազելի ջան և այլն...

Կծածկեն մեր դարդերը,
Տեյմոր էն օրը հասնի,

Նազելի ջան և այլն...

Ատլաս բարձը գլխիդ տակ,
Մարմար դոշդ բաց արած,

Նազելի ջան և այլն...

Տակդ ղանավուզ դոշակ,
Երեսըս դոշկիդ դրած:

Նազելի ջան և այլն...

Քնինք, զարթնինք էրնեկ տանք,
Էս թանկագին գիշերին.

Նազելի ջան և այլն...

Անջաղ անուշ օր տեսանք,
Էրնեկ լուսնի աչքերին:

Ari iriknahovin,
Mektegh ert'ank' mets arty,

CHORUS
Nazeli jan, heyran-jeyran,
Boyid ghurban, soyid ghurban

K'nink' en anush zovin,
Morrnank' ashkharhi dardy.

Nazeli jan, heyran-jeyran, etc.

Mardaboy en haskery,
Mezi mardik ch'en tesni,

Nazeli jan, heyran-jeyran, etc.

Ktsatsken mer dardery,
Teymor en ory hasni,

Nazeli jan, heyran-jeyran, etc.

Atlas bardzy glkhid tak,
Marmar doshd bats' arats,

Nazeli jan, heyran-jeyran, etc.

Takd ghanavuz doshak,
Yeresys doshkid drats.

Nazeli jan, heyran-jeyran, etc.

K'nink', zart'nink' ernek tank',
Es t'ankagin gisherin.

Nazeli jan, heyran-jeyran, etc.

Anjagh anush or tesank',
Ernek lusni ach'k'erin.

ՁՈՒԿԸ ԴՐԻՐ ԽԱՇԵՑԻՐ
DZUKY DRIR KHASHECIR

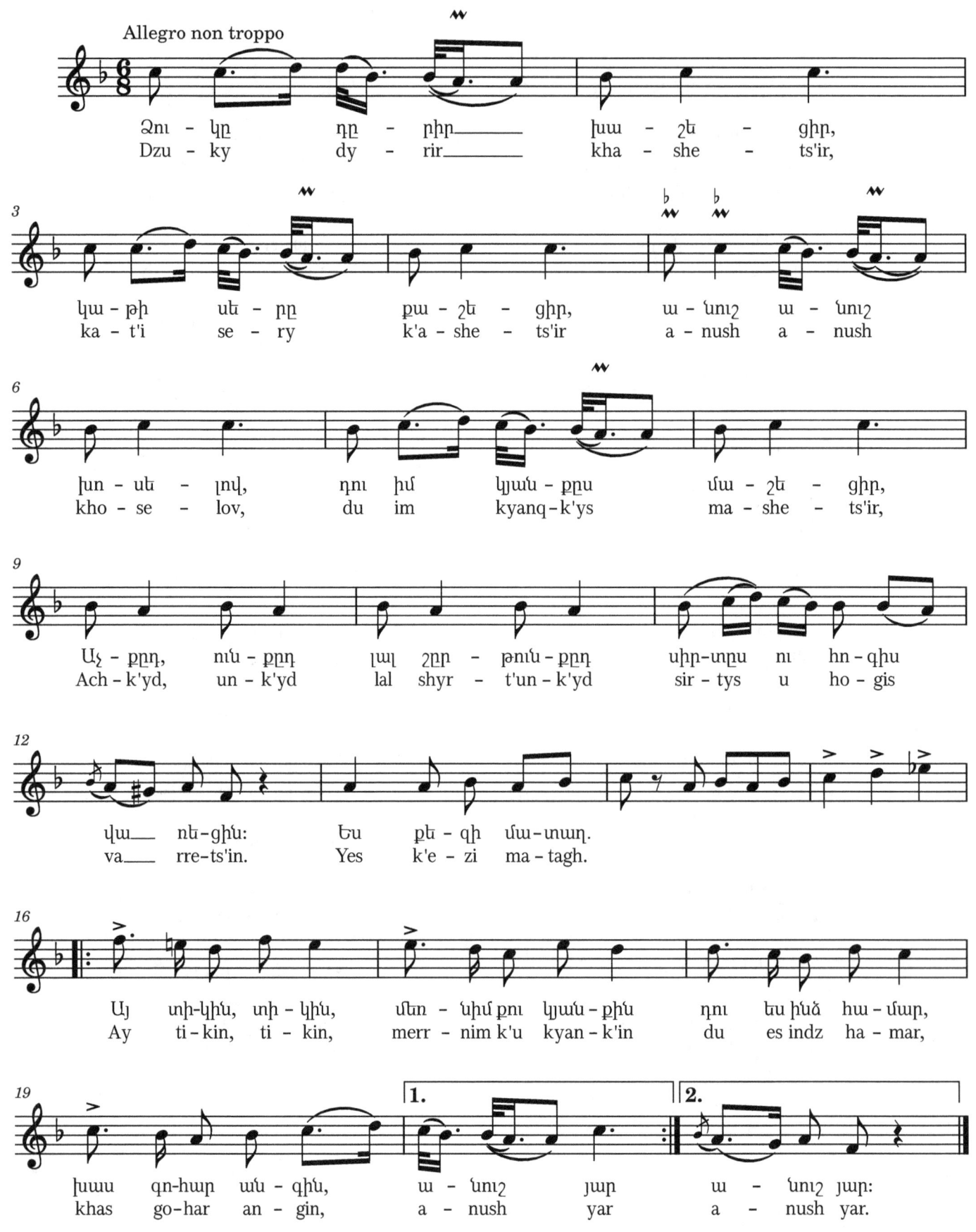

Ձուկը դրիր խաշեցիր,
Կաթի սերը քաշեցիր,
Անուշ-անուշ խոսելով,
Դու իմ կյանքս մաշեցիր:

ԿՐԿՆԵՐԳ
Աչքդ, ունքդ,
Լալ շրթունքդ,
Սիրտս ու հոգիս վառեցին,
Ես քեզի մատաղ,
Ա՛յ, տիկին, տիկին,
Մեռնիմ քու կյանքին,
Դու ես ինձ համար
Խաս գոհար անգին,
Անուշ յար:

Ես մեկ զուլալ աղբյուր եմ,
Ծարավ մարդկանց՝ պաղ ջուր եմ,
Գոնե տարին մեկ անգամ,
Արի գրկեմ, համբուրեմ:

Ժամը տասին դուրս արի,
Տեսնիմ՝ սիրտս դադարի,
Ընձի սիրել խոստացար,
Տված խոսքդ կատարի:

Dzuky drir khashets'ir,
Kat'i sery k'ashets'ir,
Anush-anush khoselov,
Du im kyank's mashets'ir.

CHORUS
Ach'k'd, unk'd,
Lal shrt'unk'd,
Sirts u hogis varrets'in,
Yes k'ezi matagh,
A'y, tikin, tikin,
Merrnim k'u kyank'in,
Du yes indz hamar
Khas gohar angin,
Anush yar.

Yes mek zulal aghbyur em,
Tsarav mardkants' pagh jur em,
Gone tarin mek angam,
Ari grkem, hamburem.

Zhamy tasin durs ari,
Tesnim' sirts dadari,
Yndzi sirel khostats'ar,
Tvats khosk'd katari.

ՂԱՆԱՎՈՒԶ ՇԱՊԻԿ
GHANAVUZ SHAPIK

Ղանավուզ շապիկ ես առել,
Հագել, մեկ սարդար ես դառել,
Չեղնի՞ ուրիշ յար ես ճարել:

ԿՐԿՆԵՐԳ
Ֆիդա՛ն, յար, արի տար,
Դուն բլբուլ ես քեզ ղուլ.
Ինձ մի թողուր
Տխուր-տրտում
Ու անճար:

Գիտեմ, ջորել ես ինձանից,
Ոտքդ կտրել ես մեր տանից,
Ի՞նչ կուզես իմ ջիվան ջանից:

Դուրպին դրել աչքիդ՝ կաշես,
Էդ ու՞մ կարոտն է կքաշես,
Հերիք չէ՞, որ սիրտս մաշես:

Նստել ես չինարի տակին,
Աչք ես գցել մանուշակին,
Չթռցնես ք սոխակին:

Արխալուղդ ո՞վ է կարել,
Ցախին ալմաստ քարեր շարել,
Խեղճ ու անտեր վեր ես վարել...

Ghanavuz shapik es arrel,
Hagel, mek sardar es darrel,
Ch'eghni՞ urish yar es charel.

CHORUS
Fida՛n, yar, ari tar,
Dun blbul es k'ez ghul.
Indz mi t'oghur
Tkhur-trtum
Ou anchar.

Gitem, jorel es indzanits',
Votk'd ktrel es mer tanits',
I՞nch' kuzes im jivan janits'.

Durpin drel ach'k'id՝ kashes,
Ed u՞m karotn e kk'ashes,
Herik' ch'e՞, vor sirts mashes.

Nstel es ch'inari takin,
Ach'k' es gts'el manushakin,
Ch't'rrts'nes k' sokhakin.

Arkhalughd o՞v e karel,
Ts'akhin almast k'arer sharel,
Kheghch u anter ver yes varel...

ՃԱՆԱՊԱՐՀՍ ԸՆԿԱՎ ԹԻՖԼԻՍ
CHANAPARS YNKAV T'IFLIS

Ճանապարհս ընկավ Թիֆլիս,
Կրակ լցվավ մեջն իմ սրտիս,
Բարև տարեք սիրականիս,

ԿՐԿՆԵՐԳ
Երկրորդ խումբ,
Երրորդ խումբ,
Չորրորդ խումբ կռունկ.
Որտի՞ց ես գալիս, գեղեցիկ կռունկ,
Որսորդի ձեռից, վիրավոր կռունկ,
Վիրավոր կռունկ,
Վիրավոր կռունկ...

Լալով գնում եմ ճանապարհ,
Նա իր տանն է, ես եմ օտար,
Ասա չընտրե նոր սիրահար:

Ա՜խ այն օրը ես չտեսնիմ,
Իսկապես կխելագարվիմ,
Ես նրանից ինչպե՞ս զատվիմ:

Մատաղ լինեմ քո երամիդ,
Անուշ կլկլան բերանիդ,
Մի՛ մոռանար քո Շերամիդ:

Chanaparhs ynkav T'iflis,
Krak lts'vav mejn im srtis,
Barev tarek' sirakanis,

CHORUS
Yerkrord khumb,
Yerrord khumb,
Ch'orrord khumb krrunk.
Vorti՞ts' es galis, geghets'ik krrunk,
Vorsordi dzerrits', viravor krrunk,
Viravor krrunk,
Viravor krrunk...

Lalov gnum em chanaparh,
Na ir tann e, yes em otar,
Asa ch'yntre nor sirahar.

A՜kh ayn ory yes ch'tesnim,
Iskapes kkhelagarvim,
Yes nranits' inch'pe՞s zatvim.

Matagh linem k'o yeramid,
Anush klklan beranid,
Mi՛ morranar k'o Sheramid.

ՄԱԶԵՐԴ ՈՍԿԵՇՈՂ
MAZERD VOSKESHOGH

Մազերդ ոսկեշող, ունքերդ կամար,
Աչքերդ՝ գոհարներ, պատկերիդ հարմար,
Շրթունքդ՝ վարդի թեր, այտերդ՝ ալվարդ,
Եդեմյան զեփյուռ է շունչդ քաղցրահար:

ԿՐԿՆԵՐԳ
Էյ, սիրուն փերի,
Սրտեր անհամար
Շինել ես գերի
Քո սիրուդ համար:

Սիրաբուխ բերանդ, ատամներդ ալմաստ,
Կզակդ կանթեղ է՝ հոգու խոր իմաստ,
Կոկորդդ՝ կենսափող, բուխախդ՝ շավաղ,
Ճակատդ՝ արշալույս, կուրծքդ՝ լույս լաստ:

Թիկունքդ՝ սյուրեվ, քայլերդ՝ զգույշ,
Լեզուդ՝ նուշ, խոսելդ՝ դեղձանիկ անուշ,
Ծոցիկդ՝ շամամներ, թևքդ՝ կլորակ,
Հասակդ՝ ֆիդանի, ձեռքերդ՝ քնքուշ:

Կաղերսեմ երկնքից՝ վտանգներ չտա,
Քեզ գալիք փորձանքը իմ գլխին թող գա.
Ողջ կյանքս, կալվածքս զոհ, մատաղ լինի,
Քեզանից կսպասեմ կենաց ապագա:

Mazerd voskeshogh, unk'erd kamar,
Ach'k'erd՝ goharner, patkerid harmar,
Shrt'unk'd՝ vardi t'er, ayterd՝ alvard,
Yedemyan zep'yurr e shunch'd k'aghts'rahar.

CHORUS
E՛y, sirun p'eri,
Srter anhamar
Shinel es geri
K'o sirud hamar.

Sirabukh berand, atamnerd almast,
Kzakd kant'egh e՝ hogu khor imast,
Kokordd՝ kensap'ogh, bukhakhd՝ shavagh,
Chakatd՝ arshaluys, kurtsk'd՝ luso last.

T'ikunk'd՝ syurev, k'aylerd՝ zguysh,
Lezud՝ nush, khoseld՝ deghdzanik anush,
Tsots'ikd՝ shamamner, t'evk'd՝ klorak,
Hasakd՝ fidani, dzerrk'erd՝ k'nk'ush.

Kaghersem yerknk'its'՝ vtangner ch'ta,
K'ez galik' p'vordzank'y im glkhin t'ogh ga.
Voghj kyank's, kalvatsk's zoh, matagh lini,
K'ezanits' kspasem kenats' apaga.

ՄԱԶԵՐԻՑԴ ՏՈՒՐ ՔՆԱՐԻՍ ԼԱՐ ՀՅՈՒՍԵՄ
MAZERITS'D TUR K'NARIS LAR HYUSEM

Մազերիցդ տուր քնարիս,
Տուր քնարիս լար հյուսեմ,
Մատներիս տակ թող մրմնջա քո սերդ:
Լույս պատկերդ սրտիս մեջը,
Սրտիս մեջը նկարեմ,
Վառ սիրով նվագեմ սև-սև ունքերդ:

ԿՐԿՆԵՐԳ
Սև աչերդ, սև ունքերդ,
Կայրե հոգիս, սիրու՛ն, սերդ:

Սև աչերիդ թույլ տուր միշտ դեպ,
Թույլ տուր միշտ դեպ ինձ նայեն,
Ինձ ի՞նչ պետք է պայծառ արևի լույսը:
Եթե թողնես շրթունքներդ,
Շրթունքներդ համբուրեմ,
Էլ չեմ ուզում կարմիր վարդերի բույսը:

Ծովը ընկել կխեղդվիմ ես,
Կխեղդվիմ ես, սիրուհի՛ս,
Մակույկ եղիր, շուտ հասիր ինձ օգնության:
Կրակն ընկել այրվում եմ ես,
Այրվում եմ ես,
Այրվում եմ ես մշտապես,
Անձրև դարձիր, փրկե, անու՛շ սիրական:

Mazerits'd tur k'naris,
Tur k'naris lar hyusem,
Matneris tak t'ogh mrmnja k'o serd.
Luys patkerd srtis mejy,
Srtis mejy nkarem,
Varr sirov nvagem sev-sev unk'erd.

CHORUS
Sev ach'erd, sev unk'erd,
Kayre hogis, siru'n, serd.

Sev ach'erid t'uyl tur misht dep,
T'uyl tur misht dep indz nayen,
Indz i'nch' petk' e paytsarr arevi luysy.
Yet'e t'oghnes shrt'unk'nerd,
Shrt'unk'nerd hamburem,
El ch'em uzum karmir varderi buysy.

Tsovy ynkel kkheghdvim yes,
Kkheghdvim yes, siruhi's,
Makuyk yeghir, shut hasir indz ognut'yan.
Krakn ynkel ayrvum em yes,
Ayrvum em yes,
Ayrvum em yes mshtapes,
Andzrev dardzir, p'rke, anu'sh sirakan:

ՄԱՐԱԼ ՋԱՆ ՀԵԶ ԱՐԻ
MARAL JAN HEZ ARI

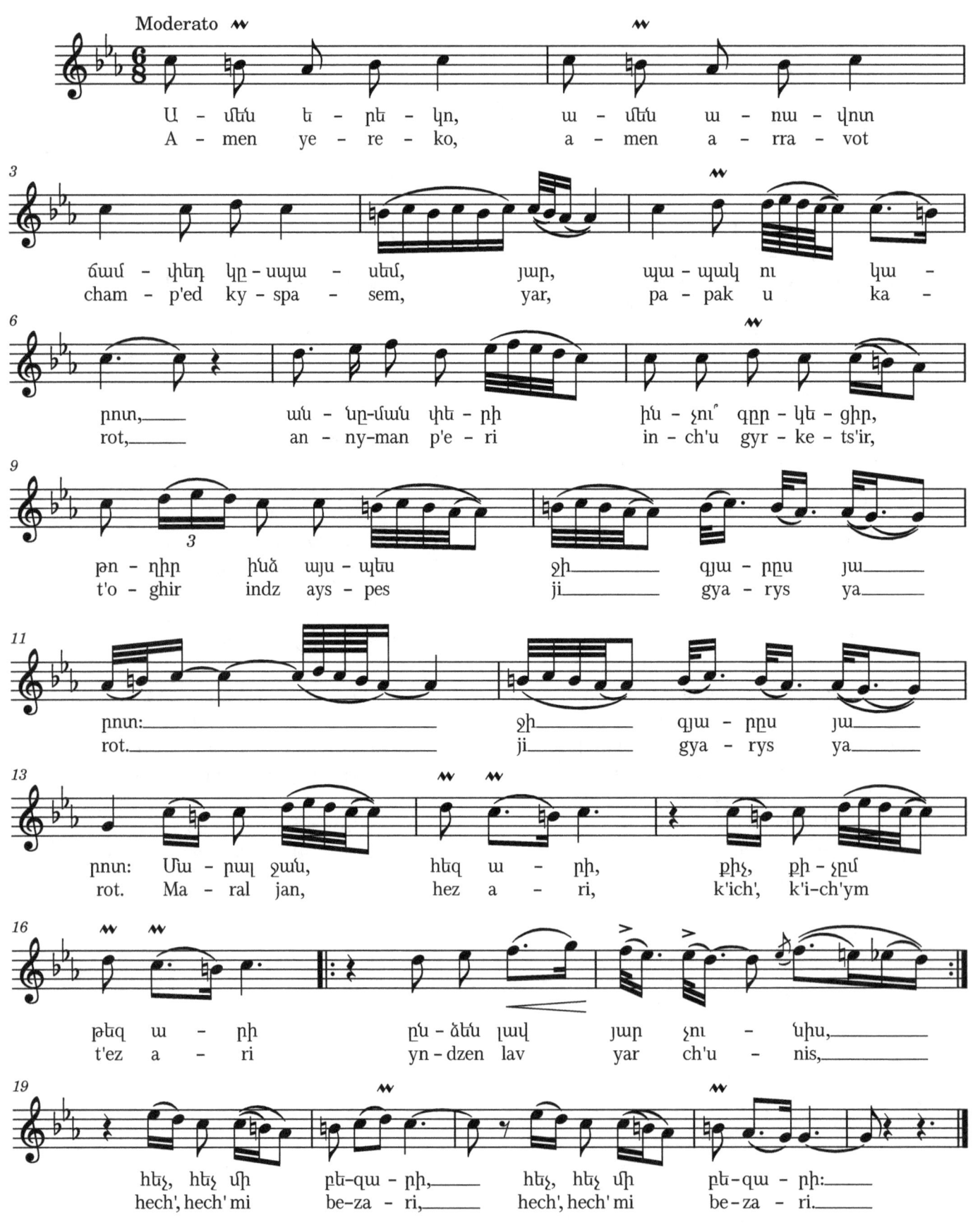

Ամեն երեկո, ամեն առավոտ,
Ճամփեդ կսպասեմ, յա՛ր, պապակ ու կարոտ,
Աննման փերի, ինչու՞ զրկեցիր,
Թողիր ինձ այսպես ջիգյարս յարոտ:

ԿՐԿՆԵՐԳ
Մարալ ջա՛ն, հեզ արի,
Քիչ-քիչմ հեզ արի,
Ընձեն լավ յար չունիս,
Հեչ-հեչ մի՛ բեզարի:

Մոլոր ու շվար քեզ եմ որոնում,
Սիրտս է անվերջ, յա՛ր, լույս մարմնիդ տենչում,
Բացի քեզանից ոչ ոք չի կարող
Մտնել էս պապակ ջիգյարիս խորքում:

Ինչու՞ց էր այդպես ապառաժ դարձար,
Շերամիս ընկած, յա՛ր, թողիր հեռացար,
Գոնե երազով էլ ինձ չես գալիս,
Խիղճդ մեռուցիր, իսպառ մոռացար:

Amen yereko, amen arravot,
Champ'ed kspasem, ya´r, papak u karot,
Annman p'eri, inch'u˚ zrkets'ir,
T'oghir indz ayspes jigyars yarot.

CHORUS
Maral ja´n, hez ari,
K'ich'-k'ich'm hez ari,
Yndzen lav yar ch'unis,
Hech'-hech' mi´ bezari.

Molor u shvar k'ez em voronum,
Sirts e anverj, ya´r, luys marmnid tench'um,
Bats'i k'ezanits' voch' vok' ch'i karogh
Mtnel es papak jigyaris khork'um.

Inch'u˚ts' er aydpes aparrazh dardzar,
Sheramis ynkats, ya´r, t'oghir herrats'ar,
Gone yerazov el indz ch'es galis,
Khighchd merruts'ir, isparr morrats'ar.

My Gazelle, Come Gently

Every evening, every morning,
I wait for you, my love, with hunger and thirst,
Heavenly angel, why deprive me,
And leave my heart aching?

> *My dear, come gently,*
> *Take pause,*
> *My love is devoted,*
> *Let's not waste a breath.*

I'm hopelessly lost looking for you,
My heart longs for your radiance,
Only you can
Feed my starving heart

How did you become so cold?
You've abandoned Sheram, my love
You do not even visit in my dreams,
You've killed that voice and forgotten me.

ՄԱՐԱԼԻ ՊԵՍ
MARALI PES

Մարալի պես ման ես գալիս,
Որսորդից փախած նմանիս,
Քեզ տեսնողին համ ես տալիս,
Անտառից խլած նմանիս:

ԿՐԿՆԵՐԳ
Արի՛, արի՛, ինձ մոտեցի,
Կրծքիս թեքվի, հանգստացի,
Ազիզ, ազիզ քեզ կպահեմ,
Աննման աղավնյակ,
Անուշախոս սոխակ,
Երկնային արուսյակ,
Արուսյակ:

Ասա տեսնիմ ու՞մ ես փնտրում,
Աչքերդ կանթեղ ես արել,
Ո՞վ է տերդ, ու՞մ ես սիրում,
Դրախտի խնձոր ես դառել:

Գույնդ առել ես վարդերեն,
Տիրոջդ հազար երանի,
Բոյ եմ քաշել նոճիներեն,
Նայում եմ սիրտս կտանի:

Marali pes man es galis,
Vorsordits' p'akhats nmanis,
K'ez tesnoghin ham es talis,
Antarrits' khlats nmanis.

CHORUS
Ari′, ari′, indz motets'i,
Krtsk'is t'ek'vi, hangstats'i,
Aziz, aziz k'ez kpahem,
Annman aghavnyak,
Anushakhos sokhak,
Yerknayin arusyak,
Arusyak.

Asa tesnim u՞m es p'ntrum,
Ach'k'erd kant'egh es arel,
O՞v e terd, u՞m yes sirum,
Drakhti khndzor yes darrel.

Guynd arrel es varderen,
Tirojd hazar yerani,
Boy em k'ashel nochineren,
Nayum yem sirts ktani.

ՄԱՐՄԻՆԴ ԳԵՂԵՑԻԿ
MARMIND GEGHETS'IK

Մարմինդ գեղեցիկ, պատկերդ սիրուն,
Դարձել ես նոր ծաղկած կենսատու գարուն:

ԿՐԿՆԵՐԳ
Երնեկ թե ինձ յար էղնիս,
Բերնիս անուշ բար էղնիս,
Պապակ սրտիս խոր վերքին,
Բուժող մահլամ, ճար էղնիս:

Արտաիքն տեսքովդ նմանիս ջեյրան,
Ի՛նչ աչք որ քեզ տեսնի, կմնա հեյրան:

Նվերս ընդունիր, պարգևէ ինձ կյանք,
Առանց քեզ, աղու՛ն ջան, չունիմ սփոփանք:

Րոպեում խանձեցիր կայծակ աչքերով.
Սիրտս լիքը լցրիր սիրուդ վերքերով:

Գերագույն ծաղիկ ես, հոտավետ, անգին
Դուն ես աչքիս լույսը, դուն ես իմ հոգին:

Ինձանից մի՛ փախչի, մոտ եկ, ճանաչե,
Հրճվանքիս այգին դեռ քանի կանաչ է:

Օվկիանոսից սիրուդ մեջ վաղուց եմ խրված,
Բայց դուն չես զգում, թե ինչպես եմ գերված:

Սիրում եմ քեզ, սիրում հոգուս հավասար,
Լեր բարի, գարաղի կյանքիս հոգատար:

Համասփյուռ ծաղկի պես բացվում ես նազով
Շերամը քո էշխից այրվում իր սազով:

Marmind geghets'ik, patkerd sirun,
Dardzel es nor tsaghkats kensatu garun.

CHORUS
Yernek t'e indz yar eghnis,
Bernis anush bar eghnis,
Papak srtis khor verk'in,
Buzhogh mahlam, char eghnis.

Artaik'n tesk'ovd nmanis jeyran,
I´nch' ach'k' vor k'ez tesni, kmna heyran.

Nvers yndunir, pargeve indz kyank',
Arrants' k'ez, aghu'n jan, ch'unim sp'op'ank'.

Ropeum khandzets'ir kaytsak ach'k'erov,
Sirts lik'y lts'rir sirud verk'erov.

Geraguyn tsaghik es, hotavet, angin
Dun yes ach'k'is luysy, dun yes im hogin.

Indzanits' mi' p'akhch'i, mot yek, chanach'e,
Hrchvank'is aygin derr k'ani kanach' e.

Ovkianosits' sirud mej vaghuts' em khrvats,
Bayts' dun ch'es zgum, t'e inch'pe´s em gervats.

Sirum em k'ez, sirum hogus havasar,
Ler bari, garaghi kyank'is hogatar.

Hamasp'yurr tsaghki pes bats'vum yes nazov
Sheramy k'o eshkhits' ayrvum ir sazov.

ՄԵԿ ԱՐԻ ԲԼԲՈՒԼ
MEK ARI BLBUL

Մեկ արի բլբուլ, մեկ արի բլբուլ,
Կայնիր բաղիդ չինարին,
Անուշ ձայնով, անուշ ձայնով,
Կանչե իմ հոգուս յարին։

ԿՐԿՆԵՐԳ

Սիրել եմ, ինչպե՞ս պիտի մոռանամ,
Սիրտս լիքն է կարոտով,
Ասա, բլբու՛լ ջան, աջապ ի՞նչ անեմ,
Էս պապակ սիրտս առնեմ ու՞ր տանեմ,
Սիրել եմ, ինչպե՞ս պիտի մոռանամ,
Ա՛խ, սիրտս լիքն է կարոտով։

Սիրունի՛կ սոխակ, սիրունիկ սոխակ,
Թե որ վարդիս կսիրես,
Արի կանչե, արի կանչե,
Ինձի մի՛ թողնի պապակ յարես։

Էս անուշ ձայնեդ, էդ անուշ ձայնեդ
Բալքի սիրտս մեղմանա,
Դեպ ինձ նայե, դեպ ինձ նայե,
Սրտիս խոր դարդերը իմանա։

Քու վարդդ բացվեց, քու վարդդ բացվեց,
Հասար մուրազիդ արդեն,
Բայց իմ յարս, բայց իմ յարս
Մոռացավ ինձ, հանեց իր սրտեն։

Mek ari blbul, mek ari blbul,
Kaynir baghid ch'inarin,
Anush dzaynov, anush dzaynov,
Kanch'e im hogus yarin.

CHORUS

Sirel em, inch'pe˚s piti morranam,
Sirts lik'n e karotov,
Asa, blbu'l jan, ajap i˚nch' anem,
Es papak sirts arrnem u˚r tanem,
Sirel em, inch'pe˚s piti morranam,
A´kh, sirts lik'n e karotov.

Siruni˚k sokhak, sirunik sokhak,
T'e vor vardis ksires,
Ari kanch'e, ari kanch'e,
Indzi mi' t'oghni papak yares.

Es anush dzayned, ed anush dzayned
Balk'i sirts meghmana,
Dep indz naye, dep indz naye,
Srtis khor dardery imana.

K'u vardd bats'vets', k'u vardd bats'vets',
Hasar murazid arden,
Bayts' im yars, bayts' im yars
Morrats'av indz, hanets' ir srten.

ՄԵԿՆ ԷԼ ԵՍ ԵՄ ՇՎԱՐԱԾ
MEKN EL ES EM SHVARATS

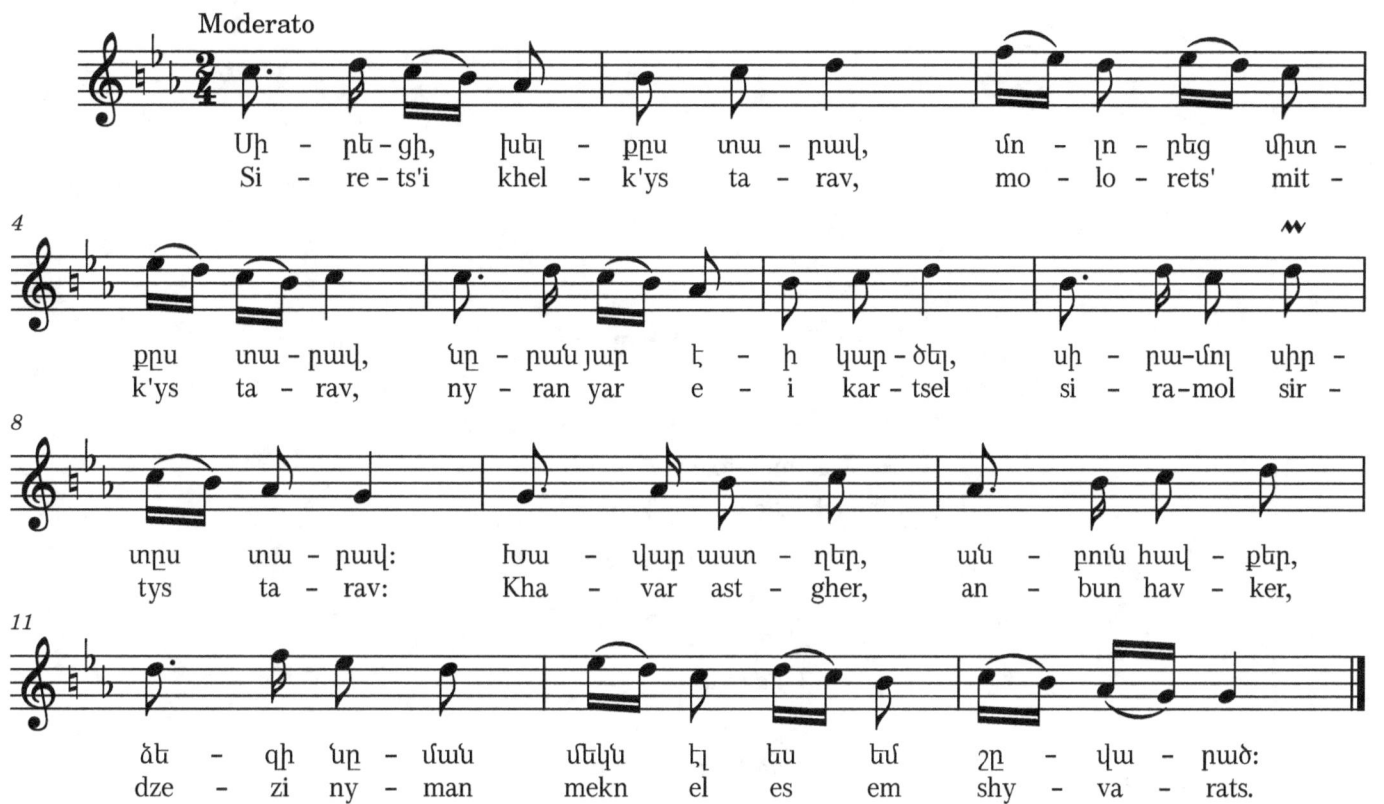

Սիրեցի, խելքս տարավ,
Մոլորեց՝ միտքս տարավ,
Նրան յար էի կարծել,
Սիրամոլ սիրտս տարավ:

ԿՐԿՆԵՐԳ
Խավար աստղեր,
Անբուն հավքեր,
Ձեզի նման
Մեկն էլ ես եմ շվարած:

Անուշ էի՜ դառնացա,
Տեր էի՜ ծառա դարձա,
Անսիրտ յարս ինձ ատեց,
Հոգով, սրտով կուրացա:

Պղտոր գետեր չորացեք,
Շերամիս ճամփա բացեք,
Սերս մթան մեջ կորավ,
Դուք սրտիս դարդը լացեք:

Sirets'i, khelk's tarav,
Molorets'' mitk's tarav,
Nran yar ei kartsel,
Siramol sirts tarav.

CHORUS
Khavar astgher,
Anbun havk'er,
Dzezi nman
Mekn el yes em shvarats.

Anush ei` darrnats'a,
Ter ei` tsarra dardza,
Ansirt yars indz atets',
Hogov, srtov kurats'a.

Pghtor geter ch'orats'ek',
Sheramis champ'a bats'ek',
Sers mt'an mej korav,
Duk' srtis dardy lats'ek'.

I Am The One, Stunned

I loved her, she stole my thoughts,
Deceived me, stole my sanity.
I thought she was my love,
But she stole my loving heart.

> *Dark stars,*
> *Wild birds*
> *Like you,*
> *I am the one, stunned.*

I was sweet but have turned bitter.
I was a master but am now a servant.
My heartless love has tortured me,
Blinded by my heart and soul.

Muddy rivers, please dry,
Make way for Sheram.
My love is lost in this darkness,
You cry the sorrow of my heart.

ՄԻ ԲԱԼԱ Է ԷՍ ԻՄ ՅԱՐՍ
MI BALA E ES IM YARS

Մի բալա է էս իմ յարըս,
Մի յանղուն է, հուր ու բոց.
Խանձեց-խորվեց, կտրեց ճարս,
Իմ ջիգյարս շինեց խոց:

Ով կարող է՝ թող մոտենա,
Էս յանղունին, էս բոցին,
Կտրիճ կուզեմ, որ դիմանա
Էսքան դարդին, խոր խոցին:

Դարդեր, վարդեր, մեկ եմ հյուսել,
Ձեռքըս առել զարդի տեղ,
Ես ուզում եմ փունջ հոտոտել,
Դարդ եմ շնչում վարդի տեղ:

Mi bala e es im yarys,
Mi yanghun e, hur u bots'.
Khandzets'-khorvets', ktrets' chars,
Im jigyars shinets' khots'.

Ov karogh e՝ t'ogh motena,
Es yanghunin, es bots'in,
Ktrich kuzem, vor dimana
Esk'an dardin, khor khots'in.

Darder, varder, mek em hyusel,
Dzerrk'ys arrel zardi tegh,
Yes uzum em p'unj hototel,
Dard em shnch'um vardi tegh.

ՄԻ ԲԱԼԱ Է ԷՍ ԻՄ ՅԱՐՍ
MI BALA E ES IM YARS

Ա. Քոչարյանի տարբերակը
A. Kocharyan version

This Is My Sweetheart

This is my sweetheart,
She is a fire, an inferno, blazing flames,
She burned me, snared me,
And torched my heart into ashes.

Whoever can, let them approach
This fiery inferno.
Who is brave enough to endure
Such deep sorrowful wounds.

I bundled roses for my heartbreak,
Cupped the cornucopia in my palms,
Breathing in the fragrance,
It reeks of pain instead of roses.

ՄԻ ՆԱՐԳԻԶ ԴԱՌՆԱՄ
MI NARGIZ DARRNAM

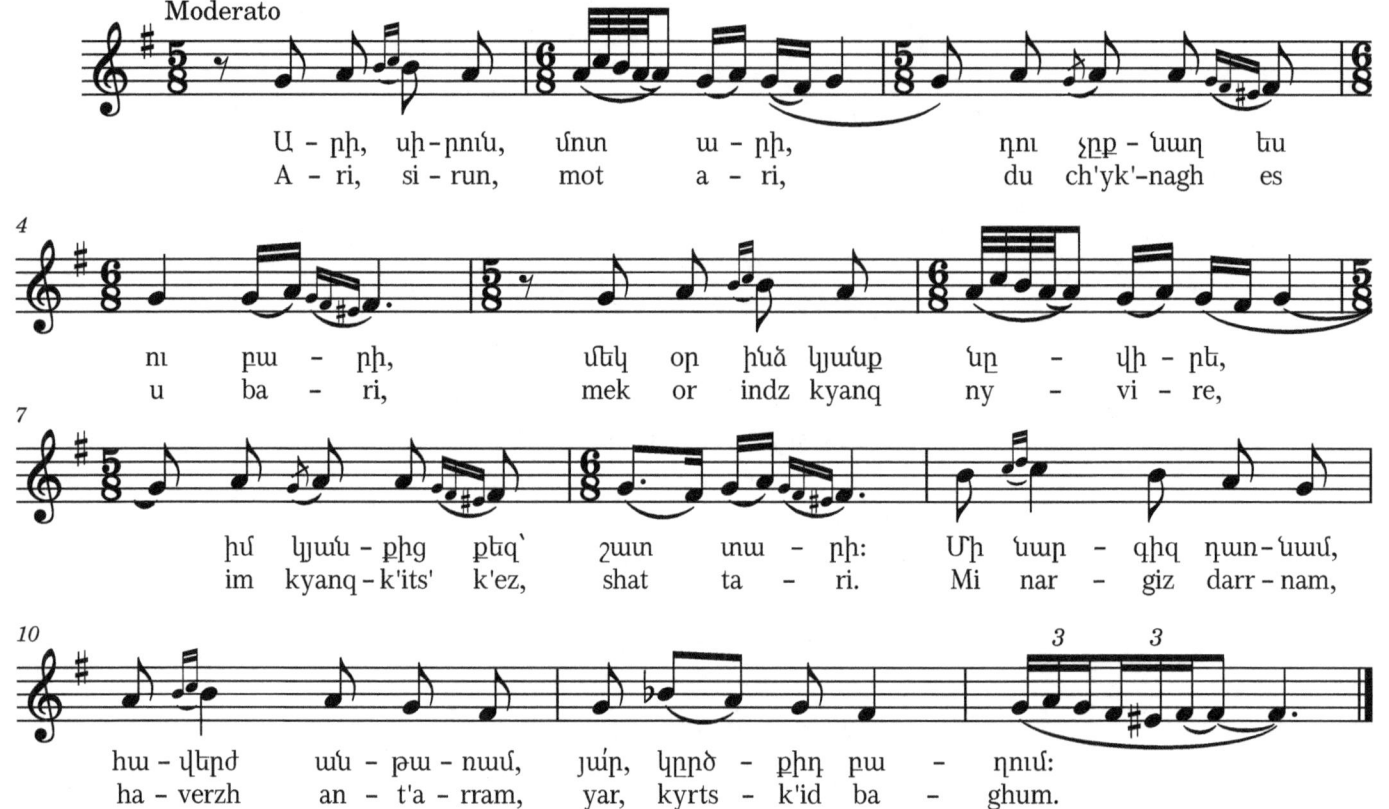

Արի, սիրու՛ն, մոտ արի,
Դու չքնաղ ես ու բարի,
Մեկ օր ինձ կյանք նվիրե,
Իմ կյանքից քեզ՝ շատ տարի:

ԿՐԿՆԵՐԳ
Մի նարգիզ դառնամ,
Հավերժ անթառամ,
Յա՛ր, կրծքիդ բաղում:

Ծոցդ բաղլա է բուսած,
Խաս շամամներ կան հասած,
Իրավունք տուր մեկ տեսնիմ,
Սիրտս հոդ է պատրուսած:

Հյուսերդ մեկ-մեկ շահմառ,
Կուծքդ լուսնյակ է պայծառ,
Ունքերդ՝ սև սլաքներ,
Աչքեր ունիս բոցավառ:

Ari, siru'n, mot ari,
Du ch'k'nagh es u bari,
Mek or indz kyank' nvire,
Im kyank'its' k'ez՝ shat tari.

CHORUS
Mi nargiz darrnam,
Haverzh ant'arram,
Ya'r, krtsk'id baghum.

Tsots'd baghla e busats,
Khas shamamner kan hasats,
Iravunk' tur mek tesnim,
Sirts hod e patrusats.

Hyuserd mek-mek shahmarr,
Kutsk'd lusnyak e paytsarr,
Unk'erd՝ sev slak'ner,
Ach'k'er unis bots'avarr.

ՅԱՐ ՋԱՆ, ՀԱԳԻՐ ԱԼԵՐԸ
YAR JAN, HAGIR ALERY

Յա՛ր ջա՛ն, հագիր ալերը,
Մեկ արի, մեկ արի, քելքիդ ղուրբան,
Արի երթանք կալերը,
Մեկ արի, մեկ արի, խելքիդ ղուրբան:

ԿՐԿՆԵՐԳ
Մեկ արի քելքիդ ղուրբան,
Էդ իմաստուն խելքիդ ղուրբան:

Ձեռքիդ կարմիր վարդ ունիս,
Մեկ արի, մեկ արի, քելքիդ ղուրբան,
Վրեդ անգին զարդ ունիս,
Մեկ արի, մեկ արի, խելքիդ ղուրբան:

Մալուլ մոլոր ման կուգաս,
Մեկ արի, մեկ արի, քելքիդ ղուրբան,
Աջաբ էդ ի՞նչ դարդ ունիս,
Մեկ արի, մեկ արի, խելքիդ ղուրբան:

Կորավ լարը քնարիս,
Մեկ արի, մեկ արի, քելքիդ ղուրբան,
Կորավ շողքը գոհարիս,
Մեկ արի, մեկ արի, խելքիդ ղուրբան:

Զորքիդ մեռնիմ, սուրբ Սարգիս,
Մեկ արի, մեկ արի, քելքիդ ղուրբան,
Արի հասի Շերամիս,
Մեկ արի, մեկ արի, խելքիդ ղուրբան:

Ya'r jan, hagir alery,
Mek ari, mek ari, k’elk’id ghurban,
Ari yert’ank’ kalery,
Mek ari, mek ari, khelk’id ghurban.

CHORUS
Mek ari k’elk’id ghurban,
Ed imastun khelk’id ghurban.

Dzerrk’id karmir vard unis,
Mek ari, mek ari, k’elk’id ghurban,
Vred angin zard unis,
Mek ari, mek ari, khelk’id ghurban.

Malul molor man kugas,
Mek ari, mek ari, k’elk’id ghurban,
Ajab ed i՞nch’ dard unis,
Mek ari, mek ari, khelk’id ghurban.

Korav lary k’naris,
Mek ari, mek ari, k’elk’id ghurban,
Korav shoghk’y goharis,
Mek ari, mek ari, khelk’id ghurban.

Zork’id merrnim, surb Sargis,
Mek ari, mek ari, k’elk’id ghurban,
Ari hasi Sheramis,
Mek ari, mek ari, khelk’id ghurban.

ՅԱՐ ԱՆՂԱԼԱՏ ԵՍ
YAR ANGHALAT ES

Աչքեր ունիս ծավի, խումար,
Աղեղ ունքեր խարտյաշ, կամար,
Մերդ քեզի ինչի՞ բերեց
Սրտիս կրակ տալու համար։

Յա՛ր, անղալատ ես,
Սիրո պալատ ես,
Բայց ունայն կյանքին, հոգյա՛կ,
Դեռ անվալադ ես։

Ach’k’er unis tsavi, khumar,
Aghegh unk’er khartyash, kamar,
Merd k’ezi inch’i՞ berets’
Srtis krak talu hamar.

Ya՛r, anghalat es,
Siro palat yes,
Bayts’ unayn kyank’in, hogya՛k,
Derr anvalad yes.

ՅԱՐՈ-ՅԱՐՈ
YARO-YARO

Լուսնյակը ելավ, լուսնյակը ելավ,
Երկինքս ամպոտ է, ամպոտ է,
Էս մահրում սիրտս, էս մահրում սիրտս,
Յարի կարոտ է, կարոտ է:

ԿՐԿՆԵՐԳ
Յա՛ր, յա՛ր, յա՛ր, յա՛ր,
Ա՛խ, յարո-յարո, ջանս քեզ ղուրբան,
Ես քեզի առնիմ ու՞ր էրթամ,
Մի ճար չկա հանգստանամ:

Հե՛յ, ծով եմ շինել, հե՛յ, ծով եմ շինել,
Շահան աչքերս, աչքերս,
Մարդ չի հասկանա, մարդ չի հասկանա,
Իմ սար դարդերս, դարդերս:

Նախշուն հավքերը, նաշխուն հավքերը,
Թռան էն սարեն, էն սարեն,
Չտվին խաբար, չտվին խաբար,
Իմ ջան-ջիգյարեն, ջիգյարեն:

Թռան հեռացան, թռան հեռացան,
Թողին շվարած, շվարած,
Լուսնյակս խավար, լուսնյակս խավար,
Աստղս մոլորած, մոլորած:

Lusnyaky yelav, lusnyaky yelav,
Yerkink's ampot e, ampot e,
Es mahrum sirts, es mahrum sirts,
Yari karot e, karot e.

CHORUS
Ya´r, ya´r, ya´r, ya´r,
A'kh, yaro-yaro, jans k'ez ghurban,
Yes k'ezi arrnim u´r ert'am,
Mi char ch'ka hangstanam.

He´y, tsov yem shinel, he´y, tsov yem shinel,
Shahan ach'k'ers, ach'k'ers,
Mard ch'i haskana, mard ch'i haskana,
Im sar darders, darders.

Nakhshun havk'ery, nashkhun havk'ery,
T'rran en saren, en saren,
Ch'tvin khabar, ch'tvin khabar,
Im jan-jigyaren, jigyaren.

T'rran herrats'an, t'rran herrats'an,
T'oghin shvarats, shvarats,
Lusnyaks khavar, lusnyaks khavar,
Astghs molorats, molorats.

ՆԱ ՄԻ ՆԱԶ ՈՒՆԻ
NA MI NAZ OUNI

23
չեն ի - մա - նա___ սըր - տիս___ դար - դը:
ch'en i - ma - na___ syr - tis___ dar - dy.
25
Հա - զար սի - րուն, հա - զար հե - քիմ
Ha - zar si - run, ha - zar her - k'im
27
չեն ի - մա - նա___ սըր - տիս___ դար - դը:
ch'en i - ma - na___ syr - tis___ dar - dy.
29
3.Հավ-քերն է - կան ե - րամ - ե - րամ,
3.Hav - k'ern e - kan e - ram - e - ram,
31
ա - նուն ու - նիմ ա - 3 - շուղ Շե - րամ,
a - nun u - nim a - shugh She - ram,
33
Էն - քան պի - տի յա - րիս կան - չեմ
En - k'an pi - ti ya - ris kan - ch'em
35
տեյ - մոր վառ - վիմ որ - պես Քյա - րամ:
tey - mor var - vim vor - pes K'ya - ram.
37
Էն - քան պի - տի___ 5 յա - րիս կան - չեմ,
En - k'an pi - ti___ ya - ris kan - ch'em,
39
տեյ - մոր վառ - վիմ որ - պես___ Քյա - րամ:
tey - mor var - vim vor - per___ K'ya - ram.

Եկան գարնան անուշ օրեր,
Ծաղկով լցվան դաշտեր, ձորեր,
Յարս զուգվել սեյրան կերթա,
Հագած-կապած ալվան շորեր:

ԿՐԿՆԵՐԳ
Նա մի նազ ունի, նազ ունի, նազ ունի,
Ձեռքին սազ ունի, սազ ունի, սազ ունի,
Չալելով սեյրան կերթա,
Դարձել է ջեյրան՝ կերթա:

Արտուտն եկավ մտավ արտը,
Բլբուլն իջավ գրկեց վարդը,
Հազար սիրուն, հազար հեքիմ
Չեն իմանա սրտիս դարդը:

Հավքերն եկան երամ-երամ,
Անուն ունիմ աշուղ Շերամ,
Էնքան պիտի յարիս կանչեմ,
Տեյմոր վառվիմ որպես Քյարամ:

Yekan garnan anush orer,
Tsaghkov lts'van dashter, dzorer,
Yars zugvel seyran kert'a,
Hagats-kapats alvan shorer.

CHORUS
Na mi naz uni, naz uni, naz uni,
Dzerrk'in saz uni, saz uni, saz uni,
Ch'alelov seyran kert'a,
Dardzel e jeyran՝ kert'a.

Artutn yekav mtav arty,
Blbuln ijav grkets' vardy,
Hazar sirun, hazar hek'im
Ch'en imana srtis dardy.

Havk'ern yekan yeram-yeram,
Anun unim ashugh Sheram,
Enk'an piti yaris kanch'em,
Teymor varrvim vorpes K'yaram.

She Is In The Mood

Sweet spring days have come,
Flowering valleys and fields overflowing
My love
Dressed in red.

> *She's in the mood, in the mood, in the mood*
> *She holds her saz in-hand, her saz in-hand, her saz in-hand,*
> *Strumming as she strolls,*
> *Stepping as a doe.*

A Skylark graced the field
A nightingale alighted upon a rose,
A thousand beauties, a thousand doctors,
The will never know my hearts sorrow.

The birds came in flocks,
My name is Ashugh Sheram,
I will call for you time and again,
Until I burn as Kyaram*.

---

* *Kyaram - hero of an eastern love epic "Asli and Kyaram" who was in love with beautiful Asli. Equivalent of Romeo from "Romeo and Juliet".*

ՆԱԶ ԱՂՋԻԿ
NAZ AGHJIK

Հալվեց սարերի ձունը,
Խալերուդ ղուրբան, նազ աղջիկ,
Բնեն թռավ թռչունը,
Քայլերուդ ղուրբան, ջան աղջիկ,
Աչքես խլեցիր քունը,
Խալերուդ ղուրբան, նազ աղջիկ:

ԿՐԿՆԵՐԳ
Եղնիկի նման ման գալդ,
Կաքավի նման պար գալդ,
Շրթունքդ լալ ու մարջան է,
Նայվածքդ հոգի կհանե:

Մեր ձորի ջուրն անուշ է,
Խալերուդ ղուրբան, նազ աղջիկ,
Խաս վարդի փուշը նուշ է,
Քայլերուդ ղուրբան, ջան աղջիկ,
Կուրծքդ նուրբ է, քնքուշ է,
Խալերուդ ղուրբան, նազ աղջիկ:

Կանաչ գարուն է եկել,
Խալերուդ ղուրբան, նազ աղջիկ,
Բաղ ու բախչա է ծաղկել,
Քայլերուդ ղուրբան, ջան աղջիկ,
Նախշուն փնջիկ ես դառել,
Խալերուդ ղուրբան, նազ աղջիկ:

Մի փերի ես ծովային,
Խալերուդ ղուրբան, նազ աղջիկ,
Անխուն ծաղիկ ձորային,
Քայլերուդ ղուրբան, ջան աղջիկ,
Թեթև թռչնիկ հովային,
Խալերուդ ղուրբան, նազ աղջիկ:

Halvets' sareri dzuny,
Khalerud ghurban, naz aghjik,
Bnen t'rrav t'rrch'uny,
K'aylerud ghurban, jan aghjik,
Ach'k'es khlets'ir k'uny,
Khalerud ghurban, naz aghjik.

CHORUS
Yeghniki nman man gald,
Kak'avi nman par gald,
Shrt'unk'd lal u marjan e,
Nayvatsk'd hogi khane.

Mer dzori jurn anush e,
Khalerud ghurban, naz aghjik,
Khas vardi p'ushy nush e,
K'aylerud ghurban, jan aghjik,
Kurtsk'd nurb e, k'nk'ush e,
Khalerud ghurban, naz aghjik.

Kanach' garun e yekel,
Khalerud ghurban, naz aghjik,
Bagh u bakhch'a e tsaghkel,
K'aylerud ghurban, jan aghjik,
Nakhshun p'njik yes darrel,
Khalerud ghurban, naz aghjik.

Mi p'eri yes tsovayin,
Khalerud ghurban, naz aghjik,
Ankhun tsaghik dzorayin,
K'aylerud ghurban, jan aghjik,
T'et'ev t'rrch'nik hovayin,
Khalerud ghurban, naz aghjik.

ՆԱԶԼԻ-ՆԱԶԼԻ
NAZLI-NAZLI

Լույսը բացվավ, ջիվան կույս,
Լույս լանջդ բաց, արի դուրս...

ԿՐԿՆԵՐԳ
Նազլի, Նազլի, Լեյլի, Լեյլի,
Սիրուն աղջիկ, էշխիդ հավասը
Ընձի Մաջնուն է անելու:

Արշալույսին բարև տուր,
Էրված սրտիս էլ՝ մի ջուր...

Մեղմիկ հովեր սարերում,
Զարթան ծաղկունք ձորերում...

Հերիք քնիս, մարալ յար,
Յարա սրտիս դեղ ու ճար...

Luysy bats'vav, jivan kuys,
Luys lanjd bats', ari durs…

CHORUS
Nazli, Nazli, Leyli, Leyli,
Sirun aghjik, eshkhid havasy
Yndzi Majnun e anelu.

Arshaluysin barev tur,
Ervats srtis el' mi jur…

Meghmik hover sarerum,
Zart'an tsaghkunk' dzorerum…

Herik' k'nis, maral yar,
Yara srtis degh u char…

ՆԱԽՇՈՒՆ ԱՉԵՐ
NAKHSHUN ACH'ER

Նախշուն աչեր, նախշուն աչեր,
Սրտիս զարկիր, նախշուն աչեր,
Ինձ գերեցիր, գրավեցիր,
Հէյ, աննման նաշխուն աչեր:

Դու Աստղիկն ես, կամ Անահիտ,
Ի՞նչ անվանեմ աննմանիդ,
Եկ մի անգամ սիրահարիդ,
Սրտանց նայե, նախշուն աչեր:

Ճերմակ մարմնիդ ալ ես առել,
Թուխ մազերդ լանջիդ փռել,
Աննման դիցուհի ես դառել,
Գոհարաշող նախշուն աչեր:

Nakhshun ach'er, nakhshun ach'er,
Srtis zarkir, nakhshun ach'er,
Indz gerets'ir, gravets'ir,
He´y, annman nashkhun ach'er.

Du Astghikn yes, kam Anahit,
I˚nch' anvanem annmanid,
Yek mi angam siraharid,
Srtants' naye, nakhshun ach'er.

Chermak marmnid al es arrel,
T'ukh mazerd lanjid p'rrel,
Annman dits'uhi es darrel,
Goharashogh nakhshun ach'er.

ՆԱՄԱՐԴ ՏՂԱ
NAMARD TGHA

Ինչու՞ ես քեզ սիրեցի,
Գլխիս բալա ճարեցի,
Ա՜խ, դու անսիրտ, քար տղա,
Վառ հույսերս մարեցի:

ԿՐԿՆԵՐԳ
Ինչու՞ այդքան անգութ էղար, իմ յարս,
Ինչու՞ ինձեն խլիր, նամա՛րդ, քունս, դադարս:

Գիշեր-ցերեկ անդադար,
Ճամփեդ կաշեմ, անջիգյա՛ր,
Սիրտս կուլա ամեն օր,
Քեզի տեսնելու համար:

Սերիս բունը բլեցիր,
Աչքիս քունը խլեցիր,
Երգում էի քաղցրաձայն,
Սոխակ լեզուս լռեցիր:

Inch'u˚ yes k'ez sirets'i,
Glkhis bala charets'i,
A´kh, du ansirt, k'ar tgha,
Varr huysers marets'i.

KRKNERG
Inch'u˚ aydk'an angut' eghar, im yars,
Inch'u˚ indzen khlir, nama´rd, k'uns, dadars.

Gisher'-ts'erek andadar,
Champ'ed kashem, anjigya´r,
Sirts kula amen or,
K'ezi tesnelu hamar.

Seris buny blets'ir,
Ach'k'is k'uny khlets'ir,
Yergum ei k'aghts'radzayn,
Sokhak lezus lrrets'ir.

ՇՈՐՈՐԱ
SHORORA

20
ցավ՝ քուն չու - նիմ, Շո - րո - րա, թառ -
tsav k'un ch'u - nim, Sho - ro - ra, t'arr -
22
3
լան, շո - րո - րա. Գի - շերն ան -
lan, sho - ro - ra. Gi - shern an -
24
ցավ քուն չու - նիմ, Շո - րո - րա թառ -
ts'av k'un chu - nim, Sho - ro - ra t'arr' -
26
3
լան շո - րո - րա, Սով - դա - քյար
lan sho - ro - ra, Sov - da - k'yar
28
եմ, տուն չու - նիմ Ղա - նադ - նե - րըդ
em, tun ch'u - nim Gha - nad - ne - ryd
30
բաց հով է րա:
bats' hov e ra.

Բաղեն թռած բլբուլ եմ,
Պարտեզեն պոկած սմբուլ եմ,
Ով որ սիրտս հասկանա,
Ես նրան ղուրբան ու ղուլ եմ:

ԿՐԿՆԵՐԳ
Շորորա՜,
Շորորա, թառլան, շորորա,
Շահմար հյուսդ էրերա:
Շորորա, ջեյրան, շորորա,
Էրված սրտիս հով էրա.
Գիշերն անցավ՝ քուն չունիմ,
Ղանադներդ բաց հով էրա:

Աղբյուր եմ սարի սրտին,
Չարա չկա սրտիս դարդին,
Ամեն անցորդ կխմե,
Բլբուլն է ծարավ ալ վարդին:

Զեփյուռ եմ, սարեն կուգամ,
Էրված սրտերուն հով կուտամ,
Ալ վարդին, ալվան վարդին,
Իմ շաղերս սիրով կուտամ:

Baghen t'rrats blbul em,
Partezen pokats smbul em,
Ov vor sirts haskana,
Yes nran ghurban u ghul em.

CHORUS
Shorora´,
Shorora, t'arrlan, shorora,
Shahmar hyusd erera.
Shorora, jeyran, shorora,
Ervats srtis hov era.
Gishern ants'av` k'un ch'unim,
Ghanadnerd bats' hov era.

Aghbyur em sari srtin,
Ch'ara ch'ka srtis dardin,
Amen ants'vord kkhme,
Blbuln e tsarav al vardin.

Zep'yurr em, saren kugam,
Ervats srterun hov kutam,
Al vardin, alvan vardin,
Im shaghers sirov kutam.

ՊԱՐՏԻԶՈՒՄ ՎԱՐԴԵՐ ԲԱՑՎԱԾ
PARTIZUM VARDER BATS'VATS

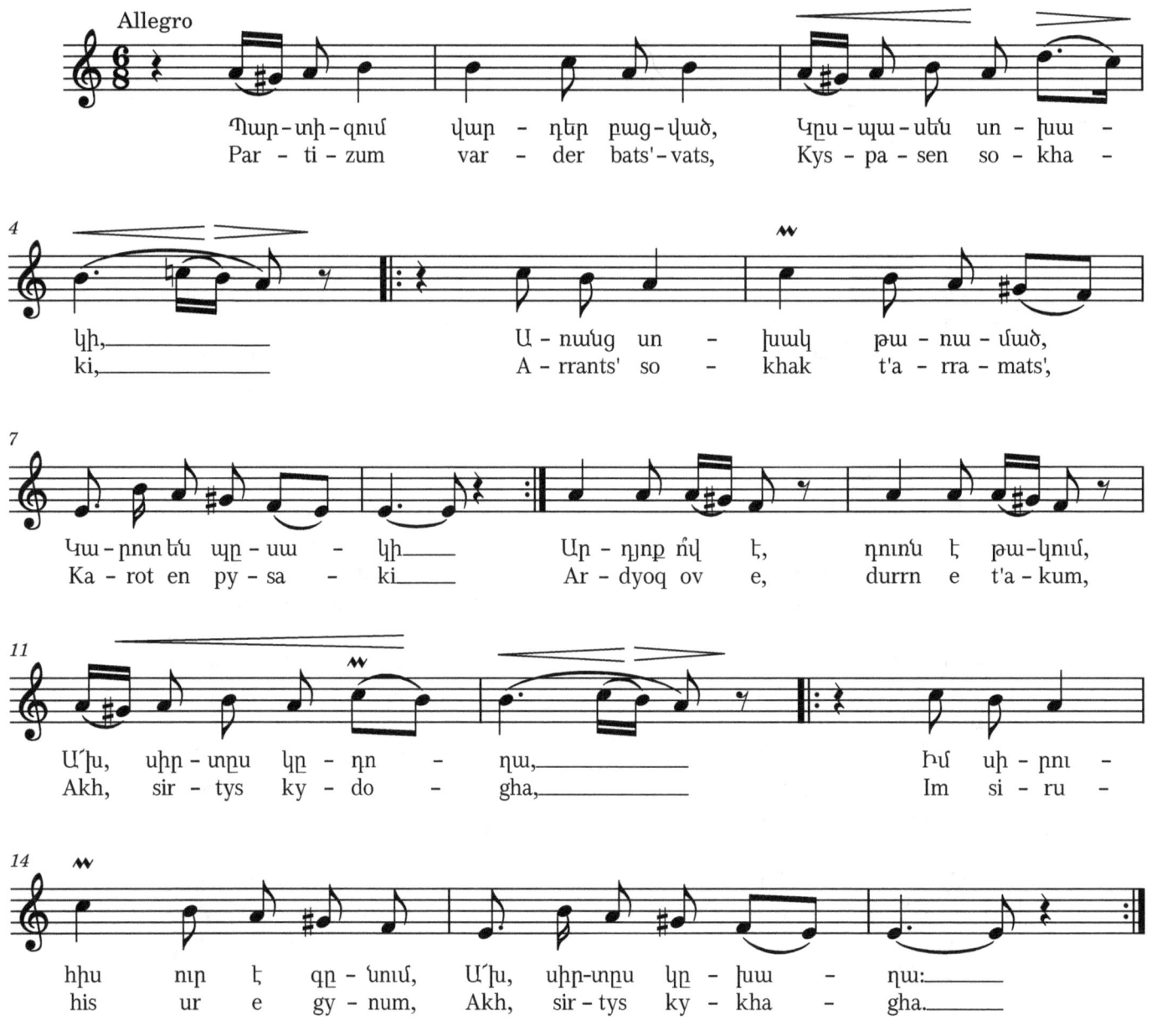

Պարտիզում վարդեր բացված,
Կսպասեն սոխակի,
Առանց սոխակ թառամած,
Կարոտ են պսակի:

ԿՐԿՆԵՐԳ
Արդյոք ով է, դուռն է թակում,
Ա՛խ, սիրտս կդողա,
Իմ սիրուհիս ու՞ր է գնում,
Ա՛խ, սիրտս կխաղա:

Գետակի ալիքները
Գնում են խայտալով,
Սիրահարի աչերից
Արտասուք թափելով:

Սիրուհին տանը նստած
Սպասում է յարին,
Քնարը ձեռին բռնած
Նվագում լալագին:

Թիթեռը ճրագի մոտ
Շրջում է անդադար,
Մինչ իր վերջ սիրակարոտ
Չունի նա օր, դադար:

Սիրուհին տանը նստած
Գրում է նամակներ,
Խիստ տրտում կանցկացնե
Իր գեղեցիկ օրեր:

Partizum varder bats'vats,
Kspasen sokhaki,
Arrants' sokhak t'arramats,
Karot en psaki.

CHORUS
Ardyok' ov e, durrn e t'akum,
A´kh, sirts kdogha,
Im siruhis u˚r e gnum,
A´kh, sirts kkhagha.

Getaki alik'nery
Gnum en khaytalov,
Sirahari ach'erits'
Artasuk' t'ap'elov.

Siruhin tany nstats
Spasum e yarin,
K'nary dzerrin brrnats
Nvagum lalagin.

T'it'erry chragi mot
Shrjum e andadar,
Minch' ir verj sirakarot
Ch'uni na or, dadar.

Siruhin tany nstats
Grum e namakner,
Khist trtum kants'kats'ne
Ir geghets'ik orer.

In The Garden Roses Bloom

In the garden, roses bloom
Waiting for their nightingales
Withering without their nightingales
Hoping to be wooed.

Who knocks on the door?
Oh, my heart is shaking!
Where does my love go?
Ah, my heart is playing!

River waves
Run fervent,
Wailing tears
From the eyes of a lover.

A love waits at home
Calling for her love,
Strumming her lyre,
Playing with woe.

The butterfly beside the light
Flutters non-stop
Beating from love
Unabated.

A love waits at home
Writing to her love
Longing for her love
As each passing day goes.

ՋԱՆ ՋԱՆԻԴ ՂՈՒՐԲԱՆ
JAN, JANID GHURBAN

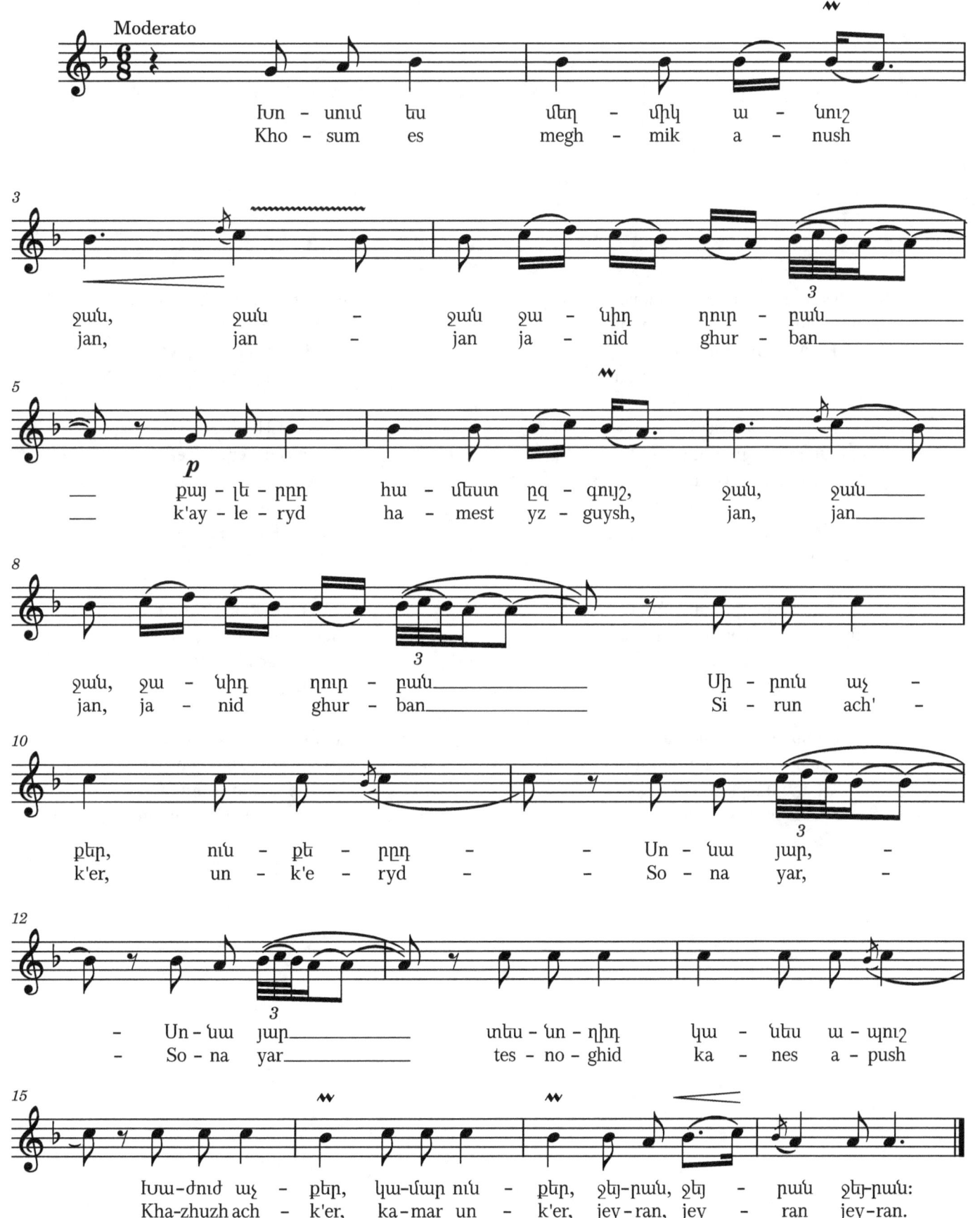

Խոսում ես մեղմիկ, անուշ,
Ջա՜ն, ջա՜ն, ջա՜ն, ջանիդ ղուրբան,
Քայլերդ համեստ, զգույշ․
Ջա՜ն, ջա՜ն, ջա՜ն, ջանիդ ղուրբան։

ԿՐԿՆԵՐԳ
Սիրուն աչքեր, ունքերդ,
Սոնա յար, Սոնա յար,
Տեսնողիդ կանես ապուշ,
Խաժուժ աչքեր, կամար ունքեր,
Ջեյրա՛ն, ջեյրա՛ն, ջեյրա՛ն․․․

Որքան կոկլիկ, սիրուն ես,
Ջա՜ն, ջա՜ն, ջա՜ն, ջանիդ ղուրբան,
Աճապ սրտիդ սեր ունես,
Ջա՜ն, ջա՜ն, ջա՜ն, ջանիդ ղուրբան։

Եկ ինձ ասա, նազ աղջիկ,
Ջա՜ն, ջա՜ն, ջա՜ն, ջանիդ ղուրբան,
Աճապ մեկին սիրու՛մ ես,
Ջա՜ն, ջա՜ն, ջա՜ն, ջանիդ ղուրբան։

Khosum es meghmik, anush,
Jan, jan, jan, janid ghurban,
K'aylerd hamest, zguysh.
Jan, jan, jan, janid ghurban.

CHORUS
Sirun ach'k'er, unk'erd,
Sona yar, Sona yar,
Tesnoghid kanes apush,
Khazhuzh ach'k'er, kamar unk'er,
Jeyra´n, jeyra´n, jeyra´n…

Vork'an koklik, sirun yes,
Jan, jan, jan, janid ghurban,
Achap srtid ser unes?
Jan, jan, jan, janid ghurban.

Yek indz asa, naz aghjik,
Jan, jan, jan, janid ghurban,
Achap mekin siru´m es?
Jan, jan, jan, janid ghurban.

Dear, Dear, My Dearest Love

You sing so softly, sweetly,
Dear, dear, my dearest love,
You step with swiftness and grace
Dear, dear, my dearest love,

> *Your beautiful eyes and brows,*
> *Sona love, Sona love,*
> *Bewilder those who see you,*
> *Your almond eyes and arched brows,*
> *As a gazelle, gazelle, gazelle...*

How elegant is your beauty
Dear, dear, my dearest love.
What kindles the fire in your heart
Dear, dear, my dearest love.

Oh, graceful lady, please let me know,
Dear, dear, my dearest love,
Who is your beloved?
Dear, dear, my dearest love.

ՍԱՐԵՐ ԿԱՂԱՉԵՄ
SARER KAGHACH'EM

Սարեր, կաղաչեմ, իջեք ցածրացեք,
Գնում եմ յարիս, մի ճամփա բացեք,
Աստված կըսիրեք ճամփես մի՛ք կապի՝
Շատ եմ պապակել, սիրտս կշտապի:

Ձեր փեշին թոշնած տերևի նման,
Ընկած եմ վաղուց անհույս, անգյուման,
Թույլ տվեք անցնիմ էրթամ յարիս մոտ,
Բալքի մեկ տեսնիմ՝ չմեռնիմ կարոտ:

Կարոտ, ա՜խ, կարոտ, ջիգյարս յարոտ,
Հե՜յ ճամփես չաթին, փշոտ է քարոտ,
Ջահել հասակից սիրեցի նրան,
Բայց նամարդ մարդիկ խլեցին տարան:

Խլեցին տարան, արևս սևցավ,
Բաժին աշխարհըս վերանա դարձավ,
Ապրում եմ, համա ապրումներ չունիմ,
Էլ ուրիշ մեկին սեր-սավդա չունիմ:

Շերամ, սեգ յարիդ սիրտըն է սառել,
Էլ ի՞նչ ես իզուր փարվանա դառել,
Չոքել կաղաչես սարին ու քարին,
Ուրիշն է տիրել քո սիրած յարին:

Sarer, kaghach'em, ijek' ts'atsrats'ek',
Gnum em yaris, mi champ'a bats'ek',
Astvats kysirek' champ'es mi'k' kapi`
Shat yem papakel, sirts kshtapi.

Dzer p'eshin t'oshnats terevi nman,
Ynkats yem vaghuts' anhuys, angyuman,
T'uyl tvek' ants'nim ert'am yaris mot,
Balk'i mek tesnim` ch'merrnim karot.

Karot, a´kh, karot, jigyars yarot,
He´y champ'es ch'at'in, p'shot e k'arot,
Jahel hasakits' sirets'i nran,
Bayts' namard mardik khlets'in taran.

Khlets'in taran, arevs sevts'av,
Bazhin ashkharhys verana dardzav,
Aprum em, hama aprumner ch'unim,
El urish mekin ser-savda ch'unim.

Sheram, seg yarid sirtyn e sarrel,
El i´nch' es izur p'arvana darrel,
Ch'vok'el kaghach'es sarin u k'arin,
Urishn e tirel k'vo sirats yarin.

I Beg You Mountains

Mountains, please, abate,
I'm going to my love, give way,
For God's sake, don't close my path,
I am thirsting, my heart is a whirl.

Like a fallen leaf upon your slope,
I have lain hopeless all season,
Let me pass and reach my beloved,
If I see her, I'll not die of longing.

Longing, oh the longing, how my heart aches,
The way is treacherous and sharp
I loved her from a young age,
But devils took her away.

They took her away, and my sun turned black,
Bringing my world to ruin,
I live, but I am numb,
I do not have love for anyone else.

Sheram, your beloved's heart is frozen,
Why did you become a fire butterfly in vain?
Why are you begging the mountains and the stone,
When someone else owns your beloved?

ՍԱՐԻ ԼԱՆՋԻՆ
SARI LANJIN

Սարի լանջինման եմ գալիս,
Փշերի մեջ ոտաբոբիկ.
Քեզ համար միշտ ջան եմ տալիս,
Ջան ու ջեյրան, իմ անուշիկ:

Անտեր, անսեր ինչպես ապրիմ,
Սիրո ծարավ սիրտս կուլա,
Ա՛խ, ես էլ ու՛մ կրծքին փարվիմ,
Ու՛ր ես, ծաղիկ իմ ալվալա:

    Sari lanjin man em galis,
    P'sheri mej votabobik.
    K'ez hamar misht jan em talis,
    Jan u jeyran, im anushik.

    Anter, anser inch'pes aprim,
    Siro tsarav sirts kula,
    A´kh, yes el u˝m krtsk'in p'arvim,
    U˝r yes, tsaghik im alvala.

ՍԵՐ ԻՄ ՍԻՐՈՒՆ ԵՍ
SER IM SIRUN ES

Երգի այս տարբերակը ձայնագրել է Շերամի որդին՝ Վարդգես Տալյանը։ Այս տարբերակում երգի չորրորդ և հինգերորդ տակտերը տարբերվում են ներկայումս այս երգի լայն տարածված տարբերակից, իսկ տասնմեկերորդ տակտը ընդհանրապես չի կատարվում։

Sheram's son Vardges Talyan transcribed this version of the popular song. In the popular version of the song, the 4th and 5th bars are different, and the 11th bar is not performed at all.

Յար ջան, յարանիդ մատաղ,
Լեզվիդ, բերանիդ մատաղ,
Լսել եմ՝ յար ես ճարել...
Սերիդ, սիրածիդ մատաղ:

ԿՐԿՆԵՐԳ
Սեր իմ, սիրուն ես, անուշ գարուն ես,
Ինձ էլ մի ատիր,*
Գիտեմ, ազիզ ջան, ջահել ջիվան յար ունիս,
Գիտեմ, ազիզ ջան, սրտով սիրած յար ունիս:

Յա՛ր ջան, դուռդ ղուլ էղնիմ,
Ոտքիդ տակ սմբուլ էղնիմ,
Էշխիդ համար խաղ կանչեմ,
Թև առնիմ՝ բլբուլ էղնիմ:

Ոճիր կանեմ՝ դատ արա,
Գերիդ եմ, ազատ արա,
Կուզես քարեն գլորվիմ,
Թաք մի թողնի բեչարա:

Հերիք թողնիս Շերամին
Վառված՝ ինչպես Քյարամին
Ով էլ ընձեն քեզ խլե,
Տունը քանդե հարամին:

----

*Ժամանակակից կատարումների ժամանակ այս տողը սովորաբար չի կատարվում:

Yar jan, yaranid matagh,
Lezvid, beranid matagh,
Lsel yem՝ yar es charel...
Serid, siratsid matagh.

CHORUS
Ser im, sirun es, anush garun es,
Indz el mi atir,*
Gitem, aziz jan, jahel jivan yar unis,
Gitem, aziz jan, srtov sirats yar unis.

Ya՛r jan, durrd ghul eghnim,
Votk'id tak smbul eghnim,
Eshkhid hamar khagh kanch'em,
T'ev arrnim՝ blbul eghnim.

Vochir kanem՝ dat ara,
Gerid em, azat ara,
Kuzes k'aren glorvim,
T'ak' mi t'oghni bech'ara.

Herik' t'oghnis Sheramin
Varrvats՝ inch'pes K'yaramin
Ov el yndzen k'ez khle,
Tuny k'ande haramin.

----

* In popular version performances this line is not performed.

ՍԵՐ ԻՄ ՍԻՐՈՒՆ ԵՍ
SER IM SIRUN ES

Տարածված տարբերակը
Popular version

ՍԵՐԻՑ ԷՐՎԱԾ
SERITS' ERVATS

ՍԵՐԻՑ ԷՐՎԱԾ
SERITS ERVATS

Ա. Քոչարյանի տարբերակը
A. Kocharyan version

Սերից էրված պապակ սրտիս
Նորեն դուն էլ կրակ զարկիր,
Արնոտ վերքիս, խորունկ վերքիս,
Մահլամի* տեղ դանակ զարկիր:

ԿՐԿՆԵՐԳ
Վառավ, յա՛ր, սիրտս, ջիգյարս,
Կոտրվեց սազս, քնարս,
Ձեռքես թռար, ու՞ր գնացիր,
Իմ կյանքիս տերը, սարդարըս:

Եթում էի հորից-մորից,
Շքիդ հովին էի ապրում,
Բլբուլ դառած, յա՛ր, քո էշխից,
Միշտ ազատ սեր էի երգում:

Ա՛խ, դու զալում, ինձ ատեցիր,
Զաթի բախտից էի ատված,
Յա՛ր, քեզնից էլ որբ թողեցիր,
Ամեն ճամփես թողիր փակված:

Serits' ervats papak srtis
Noren dun el krak zarkir,
Arnot verk'is, khorunk verk'is,
Mahlami tegh danak zarkir.

CHORUS
Varrav, ya´r, sirts, jigyars,
Kotrvets' sazs, k'nars,
Dzerrk'es t'rrar, u˝r gnats'ir,
Im kyank'is tery, sardarys.

Yet'um ei horits'-morits',
Shk'id hovin ei aprum,
Blbul darrats, ya´r, k'vo eshkhits',
Misht azat ser ei yergum.

A´kh, du zalum, indz atets'ir,
Zat'i bakhtits' ei atvats,
Ya´r, k'eznits' el vorb t'voghets'ir,
Amen champ'es t'voghir p'akvats.

Burning From Love

My starving heart burns for your love
You lit its fire once again,
Rather than soothe it, you stoked it with a knife,
What a wound, a deep bleeding wound.

> *My heart burns, my love,*
> *My harp and lyre have broken,*
> *You leapt beyond reach! Where did you go?*
> *Oh lord of my life, my master.*

As an orphan adrift without guidance,
I lived in the breeze of your shade,
Your love turned me into a nightingale
And I sang freely of love.

Are you so heartless to hate me?
How bad luck befell me already!
My love, you orphaned my heart,
And left me wandering aimless.

ՍԻՐԵԼՈՒՑՍ ՉԵԿԱՎ ՆԱՄԱԿ
SIRELUTS'S CH'EKAV NAMAK

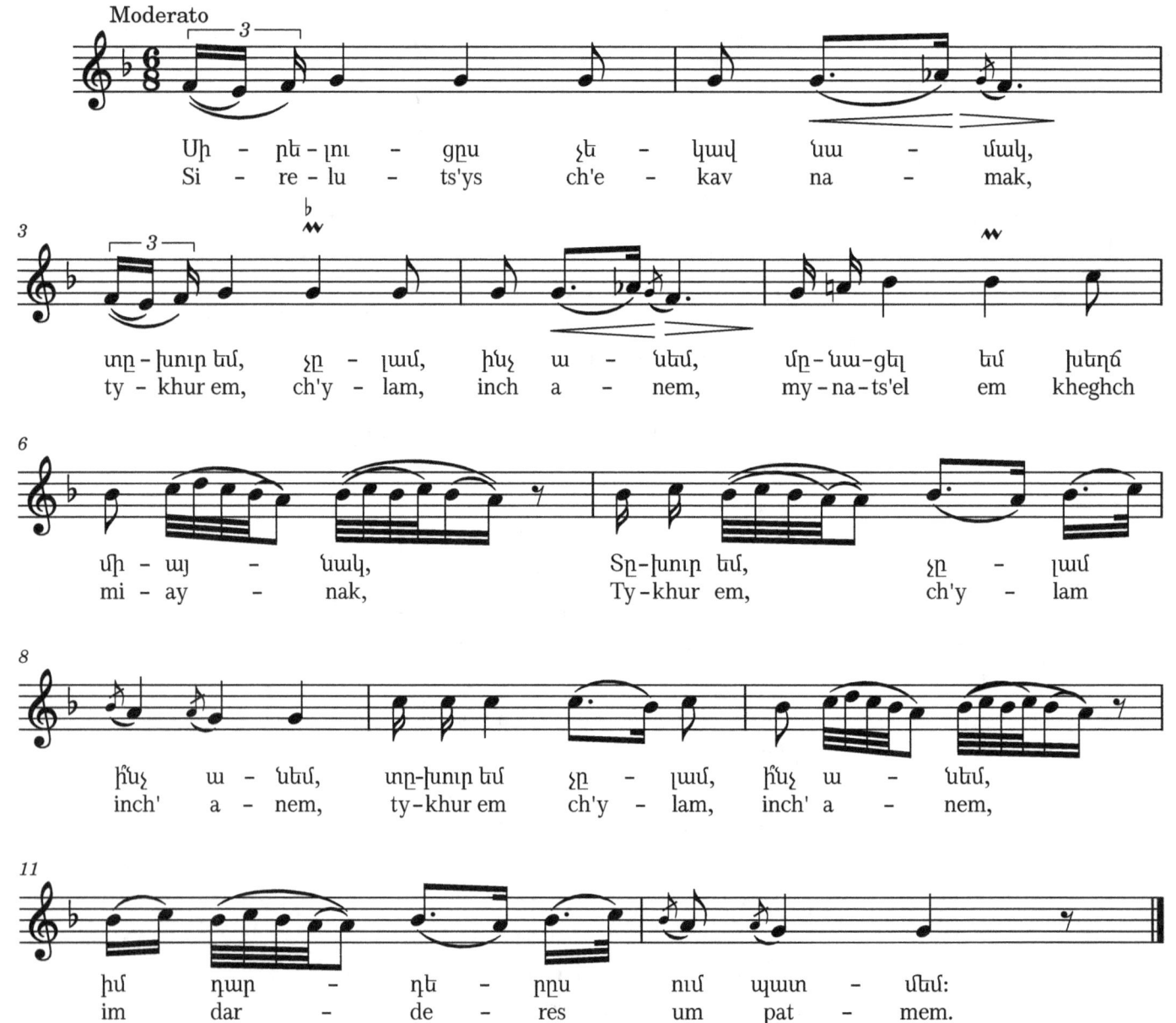

Սիրելուցըս չեկավ նամակ,
Տխուր եմ, չըլամ, ի՛նչ անեմ,
Մնացել եմ խեղճ, միայնակ.

ԿՐԿՆԵՐԳ
Տխուր եմ, չլամ ինչ անեմ,
Տխուր եմ, չլամ ինչ անեմ,
Իմ դարդերս ու՞մ պատմեմ:

Նրան թողի հեռու աշխարհ,
Լույս օրերս կանցնին խավար,
Նա էլ է տանջվում չարաչար...

Դիցուհի է նա իսկապես,
Սերը դուրս չի գալիս սրտես,
Հայի աղջիկ է պարզերես...

Sireluts'ys ch'ekav namak,
Tkhur yem, ch'ylam, i'nch' anem,
Mnats'el em kheghch, miaynak.

CHORUS
Tkhur em, ch'lam inch' anem,
Tkhur em, ch'lam inch' anem,
Im darders u՞m patmem.

Nran t'oghi herru ashkharh,
Luys orers kants'nin khavar,
Na el e tanjvum ch'arach'ar...

Dits'uhi e na iskapes,
Sery durs ch'i galis srtes,
Hayi aghjik e parzeres...

ՍԻՐՈՒՄ ԵՄ ՔԵԶ
SIRUM EM K'EZ

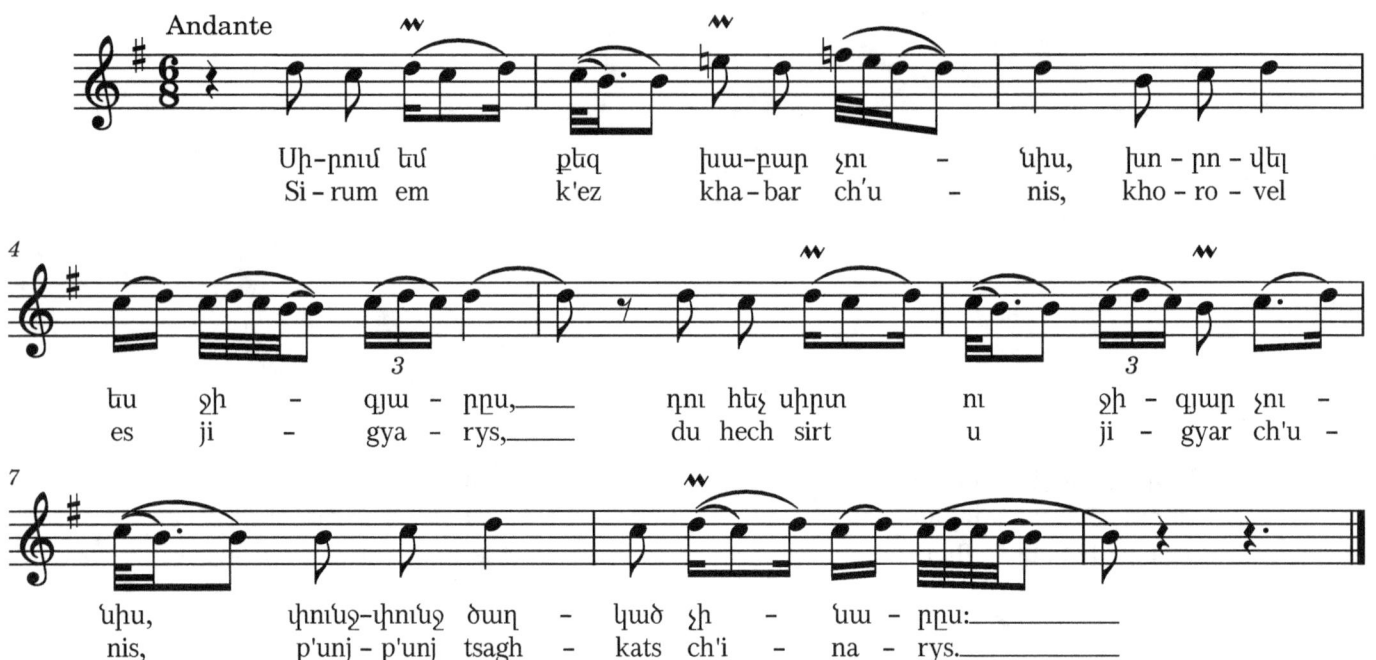

ես ջի - գյա - րըս,
դու հեչ սիրտ ու ջի - գյար չու -
նիս, փունջ-փունջ ծաղ - կած չի - նա - րըս:

Սիրում եմ քեզ՝ խաբար չունիս,
Խորովել ես ջիգյարս,
Դու հեչ սիրտ ու ջիգյար չունիս,
Փունջ-փունջ ծաղկած չինարս:

Կուժը ուսիդ աղբյուր կերթաս,
Ծաղկոտ դաշտի վրայով,
Առ, քեզ հետ տար իմ ոսկե թաս,
Ջուրմ էլ ինձ բեր քո ձեռքով:

Կամ թե մեկ ետ դարձիր՝ տեսնեմ
Արծվի յանղուն աչերդ,
Մուրազիս էլ որ չհասնեմ,
Հեռվից խլեմ պաչերդ:

Ամեն գիշեր ուխտ եմ գնում
Էն պարզ, անուշ աղբյուրին,
Որտեղից միշտ ջուր եմ խմում,
Սերըս խառնեմ էն ջրին:

Sirum em k'ez՝ khabar ch'unis,
Khorovel es jigyars,
Du hech' sirt u jigyar ch'unis,
P'unj-p'unj tsaghkats ch'inars.

Kuzhy usid aghbyur kert'as,
Tsaghkot dashti vrayov,
Arr, k'ez het tar im voske t'as,
Jurm el indz ber k'o dzerrk'ov.

Kam t'e mek yet dardzir՝ tesnem
Artsvi yanghun ach'erd,
Murazis el vor ch'hasnem,
Herrvits' khlem pach'erd.

Amen gisher ukht em gnum
En parz, anush aghbyurin,
Vorteghits' misht jur em khmum,
Serys kharrnem en jrin.

I Love You

I love you, but you don't see it.
You broke my heart
Because you're heartless
My blossoming chinaberry.

You put the pitcher upon your shoulder
On your way to the spring, through the flower fields.
Please take my golden bowl with you,
And bring me some water as well.

Please come back and let me see
Your fiery eagle's eyes.
And if I cannot quench that thirst
Send me a kiss from afar.

Every night I make a vow
To that fresh and sweet spring,
I will always drink her waters
Where my love has stirred.

ՍԻՐՈՒՆ ԵՍ ՀՈԳՅԱԿ
SIRUN ES HOGYAK

Սիրուն ես, հոգյակ, սեր ես ու սիրուն,
Մատաղ եմ կտրել քո լույս աչերուն,
Էրված ու գերված չոքել կսպասեմ,
Մեկ անգամ խոսիր՝ էդ լեզուդ լսեմ:

ԿՐԿՆԵՐԳ
Բլբուլը երբ քեզի տեսնի,
Իր փափագին պիտի-պիտի հասնի,
Թե որ լինի միշտ քեզի մոտ,
Էլ չի քաշի քեզի կարոտ:

Սարեն ու ձորեն ծաղկունք եմ ջոկել,
Քնքուշ ու ընտիր շրթունքով պոկել,
Վառվռուն ակունք մեկ տեղ փունջ կապել,
Եկել եմ դուռդ, փեշդ եմ ընկել:

Ուրիշ բան չունիմ քեզ նվեր տալու,
Ընդունիր ձոնս, մի թողնի լալու,
Դե՛հ, առ մուրազ տուր, վեր կենամ գնամ,
Սիրային փակված դռներ ետ բանամ:

Sirun es, hogyak, ser es u sirun,
Matagh em ktrel k'o luys ach'erun,
Ervats u gervats ch'ok'el kspasem,
Mek angam khosir՝ ed lezud lsem.

CHORUS
Blbuly yerb k'ezi tesni,
Ir p'ap'agin piti-piti hasni,
T'e vor lini misht k'ezi mot,
El ch'i k'ashi k'ezi karot.

Saren u dzoren tsaghkunk' em jokel,
K'nk'ush u yntir shrt'unk'ov pokel,
Varrvrrun akunk' mek tegh p'unj kapel,
Yekel em durrd, p'eshd em ynkel.

Urish ban ch'unim k'ez nver talu,
Yndunir dzons, mi t'oghni lalu,
De'h, arr muraz tur, ver kenam gnam,
Sirayin p'akvats drrner yet banam.

You Are Divine

You are divine, you are love and wonder
I long for the fire in your eyes
You have me on my knees, captured, heart alight,
Speak, so I may know your voice.

> *When the nightingale sees you,*
> *It will sing its wishes true,*
> *Flying beside you always,*
> *It won't languish anymore.*

I have picked wildflowers from the mountains and valleys,
Plucked them delicately,
Bundled the bouquet at their stems,
I came to your door and fell at your feet.

I have nothing else to give you as a gift,
Trust in my devotion, do not make me beg,
Take this bouquet and set my heart on fire,
I will open the closed doors of love again.

ՍԻՐՈՒՆ ՍԻՐԱՄԱՐԳ
SIRUN SIRAMARG

Եկել ես կանգնել աչքիս առաջ,
Ջիգյարս քյաբաբ ես արել,
Հագել ես կերպաս ալ ու կանաչ,
Սիրուն սիրամարգ ես դառել:

ԿՐԿՆԵՐԳ
Արևիդ մատաղ, բարևիդ մատաղ,
Նազելի յար,
Գեղեցիկ վարդ ես, դեմքով զվարթ ես
Սիրուն, կարոտ եմ քեզ, կարոտ,
Ա՜խ, ազիզ, անուշ, աննման յար:

Աստղերից պայծառ աչքեր ունես,
Շրթունքդ նռան կեղև են,
Նետերից շանթող ունքեր ունես,
Ծծերդ լույս են, արև են:

Հեռացիր, գոնե էլ չտեսնեմ,
Չինարի բոյդ, պատկերդ.
Մուրազիս բալքի մեկ օր հասնեմ,
Համբուրեմ շարմաղ այտերդ:

Yekel es kangnel ach'k'is arraj,
Jigyars k'yabab es arel,
Hagel es kerpas al u kanach',
Sirun siramarg es darrel.

CHORUS
Arevid matagh, barevid matagh,
Nazeli yar,
Geghets'ik vard es, demk'ov zvart' es
Sirun, karot em k'ez, karot,
A´kh, aziz, anush, annman yar.

Astgherits' paytsarr ach'k'er unes,
Shrt'unk'd nrran keghev en,
Neterits' shant'ogh unk'er unes,
Tstserd luys en, arev en.

Herrats'ir, gone el ch'tesnem,
Ch'inari boyd, patkerd.
Murazis balk'i mek or hasnem,
Hamburem sharmagh ayterd.

Beautiful Peacock

You came and stood before me,
Taking my heart away,
Adorned in red and green,
Like a peacock, my pixie.

> *My love, my beauty, my sun,*
> *Your smile is like a rose*
> *Your cheerful look*
> *I yearn for*
> *My sweet, my graceful one.*

Your eyes glimmer in the night
Your lips are melon red
Your dazzling eyebrows bewitch my heart
Your bosom a revelation.

Please depart, blind me from
Your presence and your gaze
Perhaps one day I'll be lucky
And kiss your cheeks ablaze.

ՍԻՐՈՒՆՆԵՐ
SIRUNNER

Սիրուննե՛ր, մի՛ք նեղենա,
Որ միշտ իմ յարիս եմ գովում,
Դուք իմ դարդը չեք իմանա,
Էնտի յարիս եմ գովում,
Էնտի փերիս եմ գովում։

Թեկուզ լինիք աղավնյակ
Թևիկներդ լայն բաց արած,
Ճախրելով վեր բարձրանաք,
Էլի յարիս եմ գովում,
Էլի փերիս եմ գովում։

Որքան կուզեք զարդարվեք
Ալ ու եշիլ գոհարներով.
Յարս՝ սև, դուք՝ ալ հագեք,
Էլի յարիս եմ գովում,
Էլի փերիս եմ գովում։

Թեկուզ լինիք սիրամարգ
Ձեր նախշունիկ փետուրներով,
Կամ անուշ երգող սոխակ,
Էլի յարիս եմ գովում,
Էլի փերիս եմ գովում։

Մազերդ՝ ոսկե թելեր,
Ունքերդ՝ նորածին լուսին,
Աչքերդ՝ փայլուն աստղեր,
Էլի յարիս եմ գովում,
Էլի փերիս եմ գովում։

Ամենքդ մեկ-մեկ փերի
Աչքիս առաջ ման եք գալի,
Բայց ինձ չեք կարող գերի,
Էնտի յարիս եմ գովում,
Էնտի փերիս եմ գովում։

Sirunne'r, mik' neghena,
Vor misht im yaris em govum,
Duk' im dardy ch'ek' imana,
Enti yaris em govum,
Enti p'eris em govum.

T'ekuz linik' aghavnyak
T'eviknerd layn bats' arats,
Chakhrelov ver bardzranak',
Eli yaris em govum,
Eli p'eris em govum.

Vork'an kuzek' zardarvek'
Al u yeshil goharnerov.
Yars' sev, duk'' al hagek',
Eli yaris em govum,
Eli p'eris em govum.

T'ekuz linik' siramarg
Dzer nakhshunik p'eturnerov,
Kam anush yergogh sokhak,
Eli yaris em govum,
Eli p'eris em govum.

Mazerd' voske t'eler,
Unk'erd' noratsin lusin,
Ach'k'erd' p'aylun astgher,
Eli yaris em govum,
Eli p'eris em govum.

Amenk'd mek-mek p'eri
Ach'k'is arraj man yek' gali,
Bayts' indz ch'ek' karogh geri,
Enti yaris em govum,
Enti p'eris em govum.

Beauties

Beauties, do not be offended,
If I always praise my beloved,
You will not know my sorrow,
That's why I praise my love,
That's why I praise my angel.

Even if you were doves
With wings wide open,
Flying up to the sky,
Again, I praise my love,
Again, I praise my angel.

No matter how much you bejewel yourselves,
Even if my love dresses in humble black, and you in florid red,
Again, I praise my love,
Again, I praise my angel.

Even if you become a peacock
With your ornate feathers,
Or a sweet singing nightingale,
Again, I praise my love,
Again, I praise my angel.

Your hair is woven gold,
Your eyebrows a crescent moon,
Your eyes are shining stars,
Again, I praise my love,
Again, I praise my angel,

Each one of you are angels,
That walk before me.
But you cannot captivate me,
That's why I praise my love,
That's why I praise my angel.

ՎԱՐԴ ՑԱՆԵՑԻ
VARD TS'ANETS'I

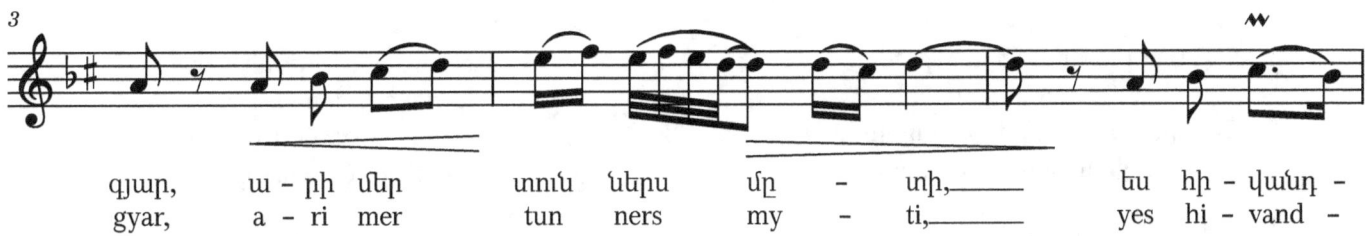
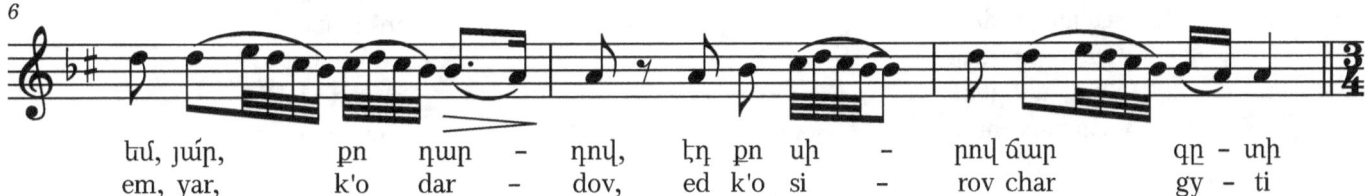

Մեկ սիրտ էրա, հե՜յ անջիգյար.
Արի մեր տուն ներս մտի,
Ես հիվանդ եմ, յա՛ր, քո դարդով,
Էդ քո սիրով ճար գտի։

ԿՐԿՆԵՐԳ
Վարդ ցանեցի՝
Դարդ քաղեցի,
Յար փնտրեցի՝
Յարա գտա։

Աչքս մնաց, ա՜խ, քո ճամփեդ,
Հեչ չէ արի երազով,
Մեկ էլ տեսնիմ շղվա բոյդ,
Չեղնի մեռնիմ մուրազով։

Թե սարեր կան ճամփուդ վրա,
Թև առ թռի, անց կացի,
Թե չարեր կան սրտիդ վրա,
Դուրս վռնդե, շուտ հասի։

Տարիներս գլոր-մլոր,
Ա՜խ, շուտ անցան գնացին,
Իմ սավդալու սրտիս բոլոր,
Քու դարդերդ մնացին։

Mek sirt era, he´y anjigyar.
Ari mer tun ners mti,
Yes hivand yem, ya´r, k'o dardov,
Ed k'vo sirov char gti.

CHORUS
Vard ts'anets'i`
Dard k'aghets'i,
Yar p'ntrets'i`
Yara gta.

Ach'k's mnats', a´kh, k'o champ'ed,
Hech' ch'e ari yerazov,
Mek el tesnim shghva boyd,
Ch'eghni merrnim murazov.

T'e sarer kan champ'ud vra,
T'ev arr t'rri, ants' kats'i,
T'e ch'arer kan srtid vra,
Durs vrrnde, shut hasi.

Tariners glor-mlor,
A´kh, shut ants'an gnats'in,
Im savdalu srtis bolor,
K'u darderd mnats'in.

I've Sowed A Rose

Would you risk your hard heart
To come to my home?
Anguished by your love
Bring remedy with your love.

> *I've sowed a rose*
> *But harvested a heartache*
> *I've looked for love*
> *But discovered despair.*

My eyes grow weary in search of you,
Drop into my dreams if you please?
Grace me with your vision once more
Before this longing takes my heart.

If there are mountains you must pass
Borrow wings to fly past
If there are woes in your soul,
Wipe them out and be here soon.

My years go on rolling,
How quickly they transpire,
My heart goes on loving
This anguish still burns with desire.

ՏՈՆԱԾԱՌԸ ԿԱՆԱՉ Է
TONATSARY KANACH E

Տոնածառը կանաչ է,
Բլբուլն անուշ կկանչե,
Ես մեռնիմ էն աչքերին,
Որ յարիս կճանաչեն:

Ուռի ծառը բար չունի,
Թառս վրեն լար չունի,
Ա՜խ, սիրտս կմղկտա,
Չինար յարս ճար չունի:

Լամպը տակը լուս չի տա,
Յարս դռնեն դուս չի գա,
Բաղ եմ շինել՝ շվարել,
Անձրև կուգա՝ բուս չի տա:

Մատնուս ակը խալիս է,
Էսօր ինձ աչքալիս է,
Ծաղիկ քաղեմ՝ դեմ էրթամ,
Ֆիդան յարս գալիս է:

Tonatsarry kanach' e,
Blbuln anush kkanch'e,
Yes merrnim en ach'k'erin,
Vor yaris kchanach'en.

Urri tsarry bar ch'uni,
T'arrs vren lar ch'uni,
A´kh, sirts kmghkta,
Ch'inar yars char ch'uni.

Lampy taky lus ch'i ta,
Yars drrnen dus ch'i ga,
Bagh yem shinel` shvarel,
Andzrev kuga` bus ch'i ta.

Matnus aky khalis e,
Esor indz ach'k'alis e,
Tsaghik k'aghem` dem ert'am,
Fidan yars galis e.

ՓՆՋԼԻԿ-ՄՆՋԼԻԿ
PNJLIK-MNJLIK

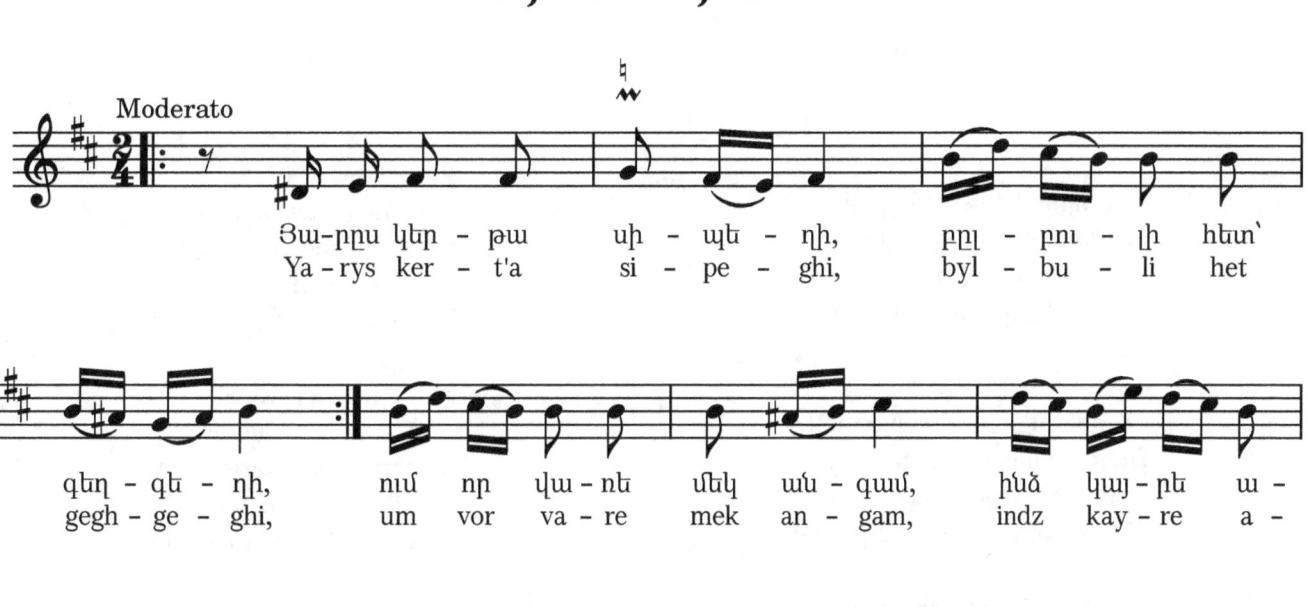

Յարըս կերթա սիպեղի,
Բլբուլի հետ՝ գեղգեղի,
Ում որ վառե մեկ անգամ,
Ինձ կայրե ամեն հեղի:

ԿՐԿՆԵՐԳ
Գնում ես ու գալիս արոտով,
Մնացի, ա՜խ, յարիս կարոտով,
Փնջլիկ-մնջլիկ մազերուն
Մեռնեի սրտատար նազերուն:

Վարդի ծառը փուշ-փուշ է,
Յարով քնելն անուշ է,
Շեկլիկ ու շղվա յարս
Ճտվտիկ սիրուն ղուշ է:

Դարի դոշին արտեր կան,
Սարի փեշին վարդեր կան,
Յարս փնջեր է կապել,
Հետը սիրո դարդեր կան:

Էսօր տասըն է լուսնի,
Շտապ կերթաս՝ չես հասնի,
Ով հրեշտակ չէ տեսել,
Թող գա իմ յարիս տեսնի:

Մեղրամոմ է մատները,
Ճերմակ, փափլիկ ոտները,
Սրտեր քաշե կտանի
Աչքեր, ունքեր, այտերը:

Տանըս կռնակը սար է,
Երկինքն ամպ է, խավար է,
Ուժովն անուժին կերավ,
Էս ինչ անօրեն դար է:

Yarys kert'a sipeghi,
Blbuli het՝ geghgeghi,
Um vor varre mek angam,
Indz kayre amen heghi.

CHORUS
Gnum es u galis arotov,
Mnats'i, a´kh, yaris karotov,
P'njlik-mnjlik mazerun
Merrnev srtatar nazerun.

Vardi tsarry p'ush-p'ush e,
Yarov k'neln anush e,
Sheklik u shghva yars
Chtvtik sirun ghush e.

Dari doshin arter kan,
Sari p'eshin varder kan,
Yars p'njer e kapel,
Hety siro darder kan.

Esor tasyn e lusni,
Shtap kert'as՝ ch'es hasni,
Ov hreshtak ch'e tesel,
T'ogh ga im yaris tesni.

Meghramom e matnery,
Chermak, p'ap'lik votnery,
Srter k'ashe ktani
Ach'k'er, unk'er, aytery.

Tanys krrnaky sar e,
Yerkink'n amp e, khavar e,
Uzhovn anuzhin kerav,
Es inch' anoren dar e.

ՔԵԶԱՆԻՑ ՄԱՍ ՉՈՒՆԻՄ
K'EZANITS' MAS CH'UNIM

22
կար: Մար - մի - նըդ շը - քեղ,
kar. Mar - mi - nyd shy - k'egh'
26
աչ - քե - րըդ կան - թեղ 5
ach' - k'e - red kan - t'egh
29
Սըր - տեր են 7 հալ - վում
Syr - ter en hal - vum
32
հա - յաց - քեղ ա - հեղ:
ha - yats' - k'ed a - hegh.
35
Ուն - քե - րըդ կա - մար,
Un - k'e - ryd ka - mar,
38
էր - վա քեզ հա - մար,
er - va k'ez ha - mar,
41
Հա - գել ես 7 նախ - շուն,
Ha - gel es nakh - shun,
44
դա - ռել սի - րա - մարգ:
da - rrel si - ra - marg.

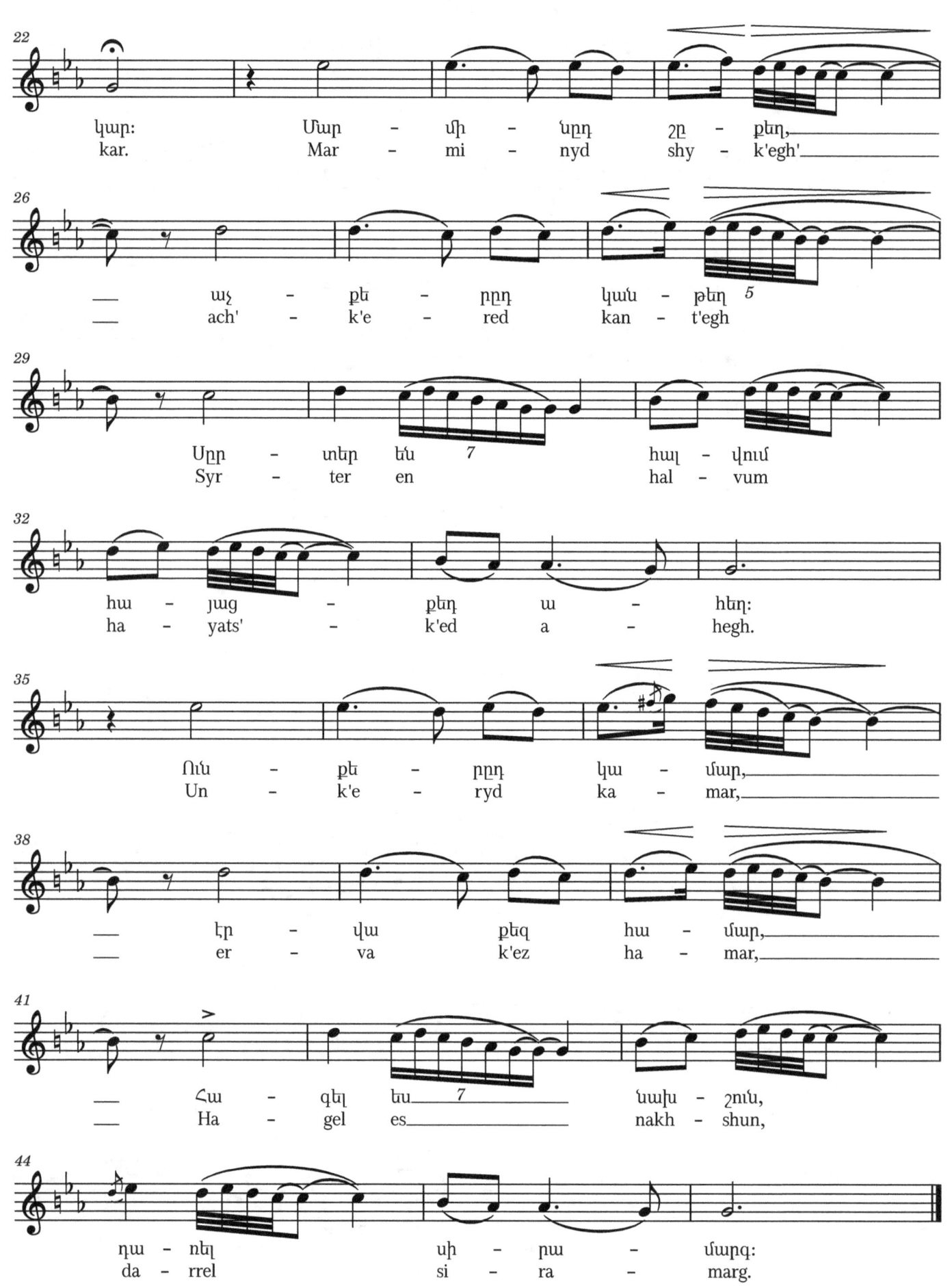

Քեզանից մաս չունիմ, կուրծքդ մի՛ բանա,
Իզուր ինձ մի տանջիր, էլ չեմ դիմանա,
Անսիրտ, անջիգյար, խեղճ եմ, ապիկար:

Մարմինդ շքեղ, աչքերդ կանթեղ,
Սրտեր են հալվում հայացքեդ ահեղ.
Ունքերդ կամար, էրվա քեզ համար.
Հագել ես նախշուն, դառել սիրամարգ:

Զաթի ես հիվանդ եմ, քեզնեն ճար կուզեմ,
Մոտեցիր մեկ անգամ, դարդս քեզ ասեմ,
Անսիրտ, անջիգյար, խեղճ եմ, ապիկար:

Մարմինդ շքեղ, աչքերդ կանթեղ,
Սրտեր են հալվում հայացքեդ ահեղ.
Ունքերդ կամար, էրվա քեզ համար.
Հագել ես նախշուն, դառել սիրամարգ:

K'ezanits' mas ch'unim, kurtsk'd mi bana,
Izur indz mi tanjir, el ch'em dimana,
Ansirt, anjigyar, kheghch em, apikar.

Marmind shk'egh, ach'k'erd kant'egh,
Srter en halvum hayats'k'ed ahegh.
Unk'erd kamar, erva k'ez hamar.
Hagel es nakhshun, darrel siramarg.

Zat'i yes hivand em, k'eznen char kuzem,
Motets'ir mek angam, dards k'ez asem,
Ansirt, anjigyar, kheghch em, apikar.

Marmind shk'egh, ach'k'erd kant'egh,
Srter en halvum hayats'k'd ahegh.
Unk'erd kamar, erva k'ez hamar.
Hagel yes nakhshun, darrel siramarg.

We Are Not One

We are not one, do not open your breast,
Cease your torment, I will not endure,
Oh, so heartless and cruel, I am powerless and poor.

With your gorgeous body, your gleaming eyes,
Hearts melt under your gaze,
Under your eyebrow's arch, I burn for you,
Like a peacock draped in colours.

Anguishing with despair, please bring me some hope,
Approach me just once, so my sorrows can soothe,
Oh, so heartless and cruel, I am powerless and poor.

ՔՆՔՈՒՇ ԱՂԱՎՆՅԱԿ
K'NK'USH AGHAVNYAK

Բոլոր սիրտս, կու՛յս, ի քեզ նվիրեցի,
Կյանքս ու հոգիս, զգացմունքս մաշեցի,
Ա՛խ, քո ձեռից,
Ի՛նչ տանջանքներ քաշեցի:

ԿՐԿՆԵՐԳ
Քնքու՛շ աղավնյակ, գեղեցիկ տատրակ,
Եդեմյան սոխակ...
Համբերելով ճարս կտրավ,
Եկ մի պատասխան տուր,
Երջանիկ ժամերս անց կացան,
Եկ մի պատասխան տուր,
Վարդ այտերդ խելքս տարավ,
Եկ մի պատասխան տուր:

Քնքուշ կոկոն՝ թերթիկներդ արա բաց,
Քո լույս դեմքից շող տուր բյուրավոր ծաղկանց,
Արդեն բարի
Արշալույսըն է բացված...

Ինչու՞ այդքան անգութ եղար, անխնամ,
Մի ծաղիկ ես հոտով, գունով անթառամ,
Ես եմ, հոգյա՛կ,
Քեզ անմոռաց բարեկամ...

Թարս ծաղկանցից քնքուշ փնջեր եմ հյուսել,
Անկեղծ սրտով սերս քեզ եմ նվիրել,
Մատաղ սրտիդ
Կյանքս մատաղ եմ ընտրել...

Այգեպան եմ, ման եմ գալիս իմ այգում,
Մինչ ե՞րբ այրվեմ, ա՛խ, քո սիրո կրակում,
Թող գեթ մի ժամ
Հանգստանամ քո գրկում...

Bolor sirts, ku′ys, i k'ez nvirets'i,
Kyank's u hogis, zgats'munk's mashets'i,
A′kh, k'o dzerrits',
I′nch' tanjank'ner k'ashets'i.

CHORUS
K'nk'u′sh aghavnyak, geghets'ik tatrak,
Yedemyan sokhak...
Hamberelov chars ktrav,
Yek mi pataskhan tur,
Yerjanik zhamers ants' kats'an,
Yek mi pataskhan tur,
Vard ayterd khelk's tarav,
Yek mi pataskhan tur.

K'nk'ush kokon` t'ert'iknerd ara bats',
K'o luys demk'its' shogh tur byuravor tsaghkants',
Arden bari
Arshaluysyn e bats'vats...

Inch'u″ aydk'an angut' yeghar, ankhnam,
Mi tsaghik es hotov, gunov ant'arram,
Yes em, hogya′k,
K'ez anmorrats' barekam...

T'ars tsaghkants'its' k'nk'ush p'njer em hyusel,
Ankeghts srtov sers k'ez em nvirel,
Matagh srtid
Kyank's matagh em yntrel...

Aygepan em, man em galis im aygum,
Minch' ye″rb ayrvem, a′kh, k'o siro krakum,
T'ogh get' mi zham
Hangstanam k'o grkum...

ՕԼՈՐ-ՄՈԼՈՐ
OLOR-MOLOR

Մի գեղեցիկ պատահեցավ ինձ հանկարծ,
Չհասկացա ինչ ցեղից էր նա ծնված,
Անսուր մորթեց, առանց կրակ խորվեց ինձ,
Խաղաղ սիրտս ու հոգիս արավ խոցալից:

ԿՐԿՆԵՐԳ
Օլոր-մոլոր մնացի,
Արյուն արցունք թափեցի,
Այնպես մի հրեշտակ տեսա,
Բայց, ավա՜ղ շուտ զրկվեցա:

Սուր-սուր նետեր սիրտս խրեց ու անցավ,
Հենց այն օրից լույս արևս խավարավ,
Էլ ու՞ր փնտրեմ, ո՞րտեղ գտնեմ ես նրան,
Որ իր ձեռքով նա ինձ դնե գերեզման:

Չգիտեմ, թե նա օդի մեջ սլացավ,
Թե հրեշտակ էր դեպի երկինք վերացավ,
Գուցե տեսա երազիս մեջ ես նրան,
Որ խոստացավ լինել սրտով սիրեկան:

Mi geghets'ik patahets'av indz hankarts,
Ch'haskats'a inch' ts'eghits' er na tsnvats,
Ansur mort'ets', arrants' krak khorvets' indz,
Khaghagh sirts u hogis arav khots'alits'.

CHORUS
Olor-molor mnats'i,
Aryun arts'unk' t'ap'ets'i,
Aynpes mi hreshtak tesa,
Bayts', ava´gh shut zrkvets'a.

Sur-sur neter sirts khrets' u ants'av,
Hents' ayn orits' luys arevs khavarav,
El u˚r p'ntrem, vo˚rtegh gtnem yes nran,
Vor ir dzerrk'ov na indz dne gerezman.

Ch'gitem, t'e na odi mej slats'av,
T'e hreshtak er depi yerkink' verats'av,
Guts'e tesa yerazis mej yes nran,
Vor khostats'av linel srtov sirekan.

I Became Lost

A beautiful thing transpired one day,
From where did she descend?
She vanquished me without a sword, roasted without flame,
Exposing my heart and soul.

> *I became lost,*
> *I shed tears of blood,*
> *I glimpsed the vision of an angel,*
> *But, alas, I lost her!*

She pierced my heart with sharp arrows unknowingly,
From that day on my light diminished,
Where should I search? Where would she be found?
Let her bury me with her own hands.

I do not know if she flew into the air,
An angel soaring back to heaven,
Maybe I saw her in my dreams,
Where she promised a heartfelt love.

ՏԽՈՒՐ ԱՆՑՅԱԼԻՑ
FROM A SAD PAST

ԱՄՊԸ ՈՐՈՏԱՑ
AMPY VOROTATS'

Ամպը որոտաց, երկինքը փակվեց,
Անձրևն է խաղում ծաղիկների հետ,
Լռեց բլբուլը, վարդին փաթաթվեց,
Ընդհարվեց սիրտս սև աչերի հետ:

Էն զորեղ զարկեն կուրծքս պատռվեց,
Կայծակի նման շանթեց, ներս ընկավ,
Հպարտ գլուխս ստրուկի դարձրեց,
Ու թռավ գնաց, գնաց հեռացավ:

Ampy vorotats', yerkink'y p'akvets',
Andzrevn e khaghum tsaghikneri het,
Lrrets' blbuly, vardin p'at'at'vets',
Yndharvets' sirts sev ach'eri het.

En zoregh zarken kurtsk's patrrvets',
Kaytsaki nman shant'ets', ners ynkav,
Hpart glukhs struki dardzrets',
Uow t'rrav gnats', gnats' herrats'av:

ԳԱՐՈՒՆՆ ԵԿԱՎ
GARUNN EKAV

Գարունն էկավ հովեր բերեց սարերեն,
Թառլան ղշեր ձեն տվին խոր ձորերեն,
Նախշուն ծաղկունք բացվան անուշ բուրմունքով,
Բլբուլ կերգե նազլու վարդի կարոտով:

Ալմաստի պես անձրև կուգա ցողալեն,
Մատաղ ծլեր գետնեն կելնին լողալեն,
Կռունկները էկան անցան, հեռացան
Երամ-երամ ու երգելով քաղցրաձայն:

Մեր վաթանեն մեզ մի խաբար չբերին,
Մեր սրտերը ախ ու վախով մաշեցին:

Garunn ekav hover berets' sareren,
T'arrlan ghsher dzen tvin khor dzoreren,
Nakhshun tsaghkunk' bats'van anush burmunk'ov,
Blbul kerge nazlu vardi karotov.

Almasti pes andzrev kuga ts'oghalen,
Matagh tsler getnen kelnin loghalen,
Krrunknery ekan ants'an, herrats'an
Yeram-yeram u yergelov k'aghts'radzayn.

Mer vat'anen mez mi khabar ch'berin,
Mer srtery akh u vakhov mashets'in.

ԶԵՅԹՈՒՆՑԻՆԵՐ
ZEYT'UNTS'INER

Զինված պատրաստված Զեյթունի քաջեր
Սուրբ ազատությամբ վառված անվեհեր,
Վրեժով լցված առյուծի նման
Քաջ, քաջ կռվում եք ընդդեմ թըշնամյաց:

ԿՐԿՆԵՐԳ
Կեցցեք դուք միշտ, զեյթունցի՛ք,
Որ պիտ փրկեք հայրենիք,
Դուք Հայաստանի պարծանք,
Մեր կյանքերն էլ ձեզ կտանք:

Զեյթունի լեռներ արյամբ շաղախված,
Թշնամիներով են շրջապատված,
Բայց նրա քաջերը երկյուղ չեն կրում,
Այր ու կին մեկտեղ կռիվ են մղում:

Նրանք միշտ կասեն՝ "Լավ է ազատ մահ,
Քան ստրուկ ապրել աշխարհի վրա,
Քան միշտ ենթարկվել թշնամիներին,
Եվ արատ թողնել հայի անցյալին":

Zinvats patrastvats Zeyt’uni k’ajer
Surb azatut’yamb varrvats anveher,
Vrezhov lts’vats arryutsi nman
K’aj, k’aj krrvum ek’ ynddem t’yshnamyats’.

CHORUS
Kets’ts’ek’ duk’ misht, zeyt’unts’i’k’,
Vor pit p’rkek’ hayrenik’,
Duk’ Hayastani partsank’,
Mer kyank’ern el dzez ktank’.

Zeyt’uni lerrner aryamb shaghakhvats,
T’shnaminerov en shrjapatvats,
Bayts’ nra k’ajery yerkyugh ch’en krum,
Ayr u kin mektegh krriv yen mghum.

Nrank’ misht kasen՝ "Lav e azat mah,
K’an struk aprel ashkharhi vra,
K’an misht yent’arkvel t’shnaminerin,
Yev arat t’oghnel hayi ants’yalin".

ԶՈՒԼԱԼ ՋՐԵՐ
ZULAL JRER

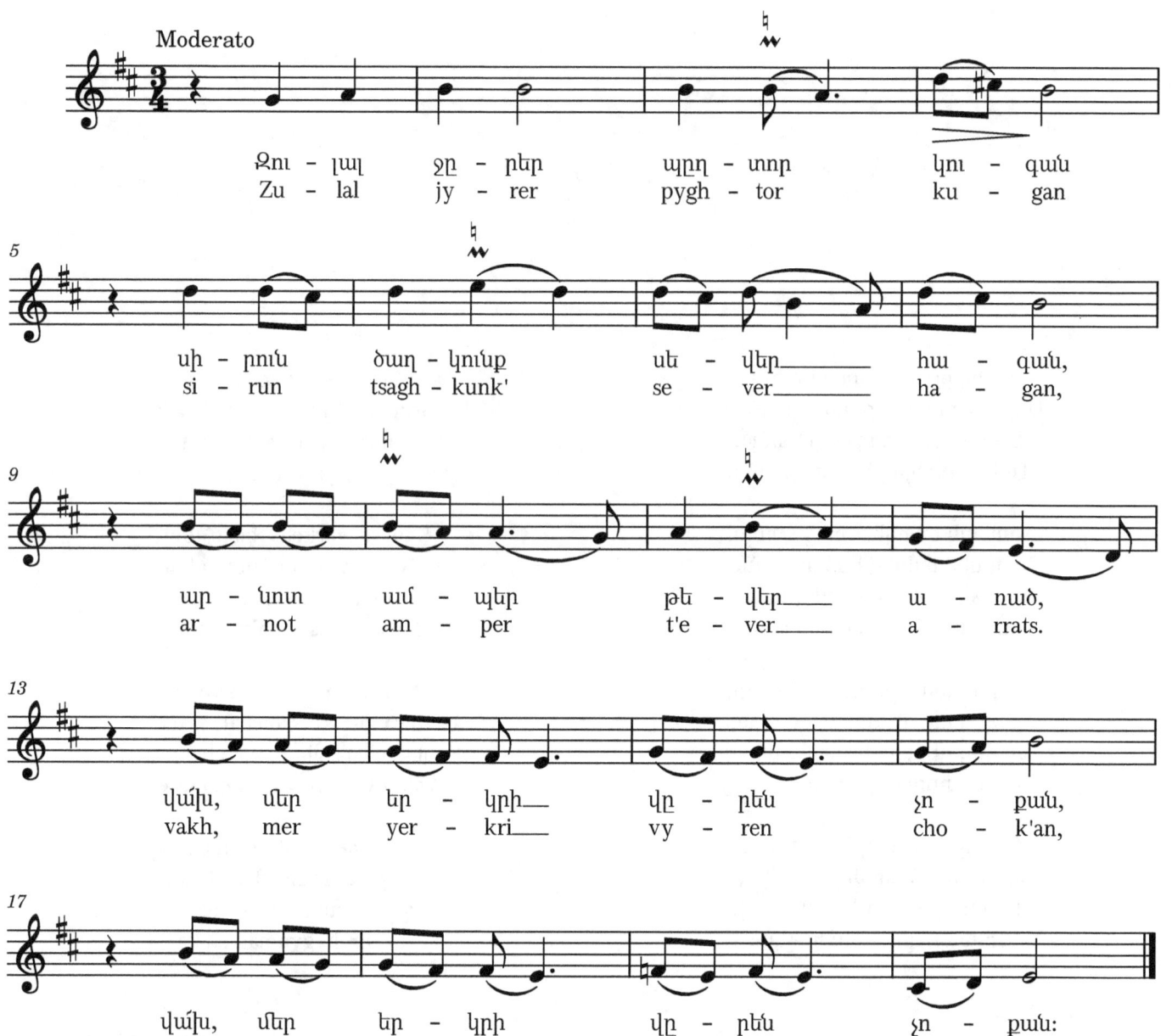

Զուլալ ջրեր պղտոր կուգան,
Սիրուն ծաղկունք սևեր հագան,
Արնոտ ամպեր թևեր առած,
Վա՜խ, մեր երկրի վրեն չոքան:

Կայծակ զարկեց՝ բլեց տունս,
Հե՜յ վախ, ավրեց հուն ու բունս,
Անցավ օրս, կորավ գնաց,
Մենակ մնաց չոր անունս:

Մեր ու տղա, քուր ու ախպեր,
Իրար մոռցած անճար, անտեր,
Բոբլիկ, չփլաղ, փշոտ ճամփով,
Վախով դողով փախան սարեր:

Դարդս մեծ է՝ դարման չկա,
Ազգիս ազատ մեյդան չկա,
Էս ինչ զուլում դիվան էղավ,
Էլ ապրելու գյուման չկա:

Zulal jrer pghtor kugan,
Sirun tsaghkunk' sever hagan,
Arnot amper t'ever arrats,
Va'kh, mer yerkri vren ch'ok'an.

Kaytsak zarkets'` blets' tuns,
He'y vakh, avrets' hun u buns,
Ants'av ors, korav gnats',
Menak mnats' ch'or anuns.

Mer u tgha, k'ur u akhper,
Irar morrts'ats anchar, anter,
Boblik, ch'p'lagh, p'shot champ'ov,
Vakhov doghov p'akhan sarer.

Dards mets e` darman ch'ka,
Azgis azat meydan ch'ka,
Es inch' zulum divan eghav,
El aprelu gyuman ch'ka.

ԻԲՐԵՎ ԱՐԾԻՎ
IBREV ARTSIV

Իբրև արծիվ սավառնում ես լեռ ու ժայռ,
Թնդացնում երկինք, գետինք տենչավառ,
Սուրբ անունդ պետք է հիշվի դարեդար,
Հսկա լերինք քեզ ապաստան, Անդրանիկ։

Ոսոխները երբ լսեն քո անունը,
Օձերի պես պիտ սողան իրենց բույնը,
Երակներիդ ազնիվ քաջի անունը -
Չը ցամաքի մինչ հավիտյան Անդրանիկ։

Հայոց կուսանք դափնյա պսակ թող հյուսեն,
Քնքուշ ձեռքով քո ճակատը պսակեն,
Գոհարներով անվախ կուրծքդ զարդարեն,
Կեցցես հավետ դու անսասան Անդրանիկ։

Հայաստանի սոխակները քեզ համար,
Թող դայլայլեն գիշեր-ցերեկ անդադար,
Անհաղթ մնաս դու քաջ, կռվի սիրահար,
Հայրենիքին տեր ու պաշտպան, Անդրանիկ։

Ibrev artsiv savarrnum yes lerr u zhayrr,
T'ndats'num yerkink', getink' tench'avarr,
Surb anund petk' e hishvi daredar,
Hska lerink' k'ez apastan, Andranik.

Vosokhnery yerb lsen k'o anuny,
Odzeri pes pit soghan irents' buyny,
Yeraknerid azniv k'aji anuny -
Ch'y ts'amak'i minch' havityan Andranik.

Hayots' kusank' dap'nya psak t'ogh hyusen,
K'nk'ush dzerrk'ov k'o chakaty psaken,
Goharnerov anvakh kurtsk'd zardaren,
Kets'ts'es havet du ansasan Andranik.

Hayastani sokhaknery k'ez hamar,
T'ogh daylaylen gisher-ts'erek andadar,
Anhaght' mnas du k'aj, krrvi sirahar,
Hayrenik'in ter u pashtpan, Andranik.

ԼՌԵ ԵՐԳԴ
LRE ERGD

Բլբուլ, էլ ի՞նչ ես երգում
Ալ վարդդ վռշնել է,
Ու՞մ ես գովում, գորովում,
Սիրուն յարդ թոշնել է:

ԿՐԿՆԵՐԳ
Լռե երգդ, խորն է վերքդ,
Ալվան վարդդ թոշնել է:

Կանաչ գարունդ գնաց,
Սևաթև աշուն կուգա,
Վարդիդ ծառը կուչ եկած,
Ավեր այգում կսգա:

Կըկուն ու բուն քեզ վրա,
Ծաղր ու ծանակ են անում,
Իսկ քո սիրտը սեր կուլա,
Դեռ կարմիր վարդ ես փնտրում:

Վարդդ թոշնավ, թառամավ,
Շերամ, էլ ու՞մ ես գովում,
Նախշուն գարունքդ անցավ,
Սիրտ ունի՞ս, սեր ես երգում...

Blbul, el i´nch' es yergum
Al vardd vrrshnel e,
U˚m es govum, gorovum,
Sirun yard, t'oshnel e.

CHORUS
Lrre yergd, khorn e verk'd,
Alvan vardd t'oshnel e.

Kanach' garund gnats',
Sevat'ev ashun kuga,
Vardid tsarry kuch' yekats,
Aver aygum ksga.

Kykun u bun k'ez vra,
Tsaghr u tsanak en anum,
Isk k'o sirty ser kula,
Derr karmir vard es p'ntrum.

Vardd t'oshnav, t'arramav,
Sheram, el u˚m es govum,
Nakhshun garunk'd ants'av,
Sirt uni´s, ser es yergum...

ՀՐԱԺԵՇՏԻ ԵՐԳ
HRAZHESHTI ERG

ՈՐԴԻ
Մայրի՛կ ջան, մնաս բարով,
Ես կերթամ սարով քարով.
Վերադարձիս սպասե,
Բաժանվում եմ մեկ տարով:
Մայրի՛կ ջան, մայրիկ ջան,
Բաժանվում եմ մեկ տարով:

ՄԱՅՐ
Բարով էրթաս, որդյակս,
Իմ փայլուն արուսյակս,
Էլ անկողին չեմ մտնի,
Մինչև դառնաս, հոգյակս:
Ի՛մ բալես, ի՛մ բալես,
Մինչև դառնաս, հոգյակս:

ՈՐԴԻ
Հեռու երկիր պիտ գնամ,
Օրհնե էնտեղ չմնամ,
Ճամփու պաշար պատրաստե,
Մի՛ լա, անփորձ կդառնամ:
Մայրի՛կ ջան, մայրիկ ջան,
Մի՛ լա, անփորձ կդռանամ:

ՄԱՅՐ
Նպատակեդ չշեղվիս,
Որ պիտանի մարդ լինիս,
Աղոթքս անեծք կդառնա,
Թե որ չարին հետևիս:
Ի՛մ բալես, ի՛մ բալես,
Թե որ չարին հետևիս:

ՈՐԴԻ
Աշխարհն իրար է անցել,
Արյունը ծով է դարձել,
Հանգիստ քնել չեմ կարող,
Սիրտս վերքով է լցվել:
Մայրի՛կ ջան, մայրիկ ջան,
Սիրտս վերքով է լցվել:

ՄԱՅՐ
Գնա հասիր օգնության,
Եղիր հերոս փրկության,
Ես կաղոթեմ անդադար,
Առ, իմ սիրտս էլ հետդ տար:
Ի՛մ բալես, ի՛մ բալես,
Բարով գնաս, բարով գաս:

SON
Mayri'k jan, mnas barov,
Yes kert'am sarov k'arov.
Veradardzis spase,
Bazhanvum em mek tarov.
Mayri'k jan, mayrik jan,
Bazhanvum yem mek tarov.

MOTHER
Barov ert'as, vordyaks,
Im p'aylun arusyaks,
El ankoghin ch'em mtni,
Minch'ev darrnas, hogyaks.
I'm bales, i'm bales,
Minch'ev darrnas, hogyaks.

SON
Herru yerkir pit gnam,
Orhne entegh ch'mnam,
Champ'u pashar patraste,
Mi' la, anp'vordz kdarrnam.
Mayri'k jan, mayrik jan,
Mi' la, anp'ordz kdrranam.

MOTHER
Npataked ch'sheghvis,
Vor pitani mard linis,
Aghot'k's anetsk' kdarrna,
T'e vor ch'arin hetevis.
I'm bales, i'm bales,
T'e vor ch'arin hetevis.

SON
Ashkharhn irar e ants'el,
Aryuny tsov e dardzel,
Hangist k'nel ch'em karogh,
Sirts verk'ov e lts'vel.
Mayri'k jan, mayrik jan,
Sirts verk'ov e lts'vel.

MOTHER
Gna hasir ognut'yan,
Yeghir heros p'rkut'yan,
Yes kaghot'em andadar,
Arr, im sirts el hetd tar.
I'm bales, i'm bales,
Barov gnas, barov gas.

ՄԱԼ ՈՒ ՄԱԼԱԼՍ ՋԱՐԴԵՑԻՆ
MAL U MALALS JARDETS'IN

Մալ ու մալալըս ջարդեցին,
Վա՛յ, նանե, յա՛ր, յաման է.
Քիրա քյարվանս կտրեցին,
Վա՛յ, նանե, յա՛ր, յաման է.
Տղեքս անոթի թողեցին,
Վա՛յ, նանե, յա՛ր, յաման է.

ԿՐԿՆԵՐԳ
Ես ու՞մ էրթամ գանգատ էնեմ,
Որ իմ դարդին դարման ճարեմ:

Երկնքից եկավ պատուհաս,
Վա՛յ, նանե, յա՛ր, յաման է.
Քաղաք թե գեղ կրեց վնաս,
Վա՛յ, նանե, յա՛ր, յաման է.
Մարդ չմնաց ցավից անմաս,
Վա՛յ, նանե, յա՛ր, յաման է.

Թացը չորի հետ վառեցին,
Վա՛յ, նանե, յա՛ր, յաման է.
Սաղ թե հիվանդ կոտորեցին,
Վա՛յ, նանե, յա՛ր, յաման է.
Տկլոր մնաց խեղճ գեղացին,
Վա՛յ, նանե, յա՛ր, յաման է.

Երկաթ մաշինեն ամեն տեղ,
Վա՛յ, նանե, յա՛ր, յաման է.
Կերթա կուգա քաղաք թե գեղ,
Վա՛յ, նանե, յա՛ր, յաման է.
Մենք շատցեր ենք, տեղերս էլ նեղ,
Վա՛յ, նանե, յա՛ր, յաման է.

Ձմեռն եկավ վրա հասավ,
Վա՛յ, նանե, յա՛ր, յաման է.
Մերկ մնացինք, չունինք հալավ,
Վա՛յ, նանե, յա՛ր, յաման է.
Տարին վրեքս վատ անցավ,
Վա՛յ, նանե, յա՛ր, յաման է.

Mal u malalys jardets'in,
Va´y, nane, ya´r, yaman e.
K'ira k'yarvans ktrets'in,
Va´y, nane, ya´r, yaman e.
Tghek's anot'i t'oghets'in,
Va´y, nane, ya´r, yaman e.

CHORUS
Yes u˚m ert'am gangat enem,
Vor im dardin darman charem.

Yerknk'its' yekav patuhas,
Va´y, nane, ya´r, yaman e.
K'aghak' t'e gegh krets' vnas,
Va´y, nane, ya´r, yaman e.
Mard ch'mnats' ts'avits' anmas,
Va´y, nane, ya´r, yaman e.

T'ats'y ch'ori het varrets'in,
Va´y, nane, ya´r, yaman e.
Sagh t'e hivand kotorets'in,
Va´y, nane, ya´r, yaman e.
Tklor mnats' kheghch geghats'in,
Va´y, nane, ya´r, yaman e.

Yerkat' mashinen amen tegh,
Va´y, nane, ya´r, yaman e.
Kert'a kuga k'aghak' t'e gegh,
Va´y, nane, ya´r, yaman e.
Menk' shatts'er enk', teghers el negh,
Va´y, nane, ya´r, yaman e.

Dzmerrn yekav vra hasav,
Va´y, nane, ya´r, yaman e.
Merk mnats'ink', ch'unink' halav,
Va´y, nane, ya´r, yaman e.
Tarin vrek's vat ants'av,
Va´y, nane, ya´r, yaman e.

ՍԵՖԻԼ ՍՈԽԱԿ
SEFIL SOKHAK

Սեֆիլ սոխակ, ի՞նչ ես երգում,
Սիրուն վարդդ թառամեց,
Օտար վարդին ի՞նչ ես գրկում,
Ջահել սերդ զառամեց,
Ջահել սերդ, ջիվան սերդ զառամեց։

Օտար վարդին հույս մի դնիր,
Նա չի բացվի քեզ համար,
Գնա դու քու վարդդ գտիր,
Կամ թե թռիր սար ու քար,
Կամ թե թռիր, կամ թռիր սար ու քար։

Անբուն բլբուլ էլ մի երգիր,
Սիրտդ գերող վարդ չունիս,
Չունիս վաթան, չունիս ընկեր,
Երգդ լսող մարդ չունիս,
Երգդ լսող, երգդ լսող մարդ չունիս։

Sefil sokhak, i῾nch' es yergum,
Sirun vardd t'arramets',
Otar vardin i῾nch' es grkum,
Jahel serd zarramets',
Jahel serd, jivan serd zarramets'.

Otar vardin huys mi dnir,
Na ch'i bats'vi k'ez hamar,
Gna du k'u vardd gtir,
Kam t'e t'rrir sar u k'ar,
Kam t'e t'rrir, kam t'rrir sar u k'ar.

Anbun blbul el mi yergir,
Sirtd gerogh vard ch'unis,
Ch'unis vat'an, ch'unis ynker,
Yergd lsogh mard ch'unis,
Yergd lsogh, yergd lsogh mard ch'unis.

ՎՇՏԱԼՈՒՅՍ ԵՐԳԸ
VSHTALUYS ERGY

Սարերի կարմիր լալաներ,
Թափեք ձեր կարմիր գույները,
Խաս բաղչայի սիրուն վարդեր,
Թող սևնան ձեր թերթիկները:

Լռե՛, բլբուլ, էլ մի՛ երգե,
Սև հագի, սարերը գնա,
Աքաղա՛ղ, դու էլ մի կանչե,
Էլ ինձ համար ցերեկ չկա:

Թողի անտեր իմ տուն ու տեղ,
Սար ու ձոր ընկել ման կուգամ,
Տանջված ազգ ու երամս՝ այնտեղ,
Ինչպե՛ս նրանց վիշտը չլամ:

Անմեղ թիթեռ, շուտ հեռացիր,
Քեզ բաժին կրակ չմնաց,
Գնա գլխիդ ճարը գտիր,
Այրվելն ինձ է վիճակված:

Sareri karmir lalaner,
T’ap’ek’ dzer karmir guynery,
Khas baghch’ayi sirun varder,
T’ogh sevnan dzer t’ert’iknery.

Lrre′, blbul, el mi′ yerge,
Sev hagi, sarery gna,
Ak’agha′gh, du el mi kanch’e,
El indz hamar ts’erek ch’ka.

T’oghi anter im tun u tegh,
Sar u dzor ynkel man kugam,
Tanjvats azg u yerams` ayntegh,
Inch’pe˝s nrants’ vishty ch’lam.

Anmegh t’it’err, shut herrats’ir,
K’ez bazhin krak ch’mnats’,
Gna glkhid chary gtir,
Ayrveln indz e vichakvats.

ՏԱԺԱՆԱՎՈՐԻ ԵՐԳԸ
TAZHANAVORI ERGY

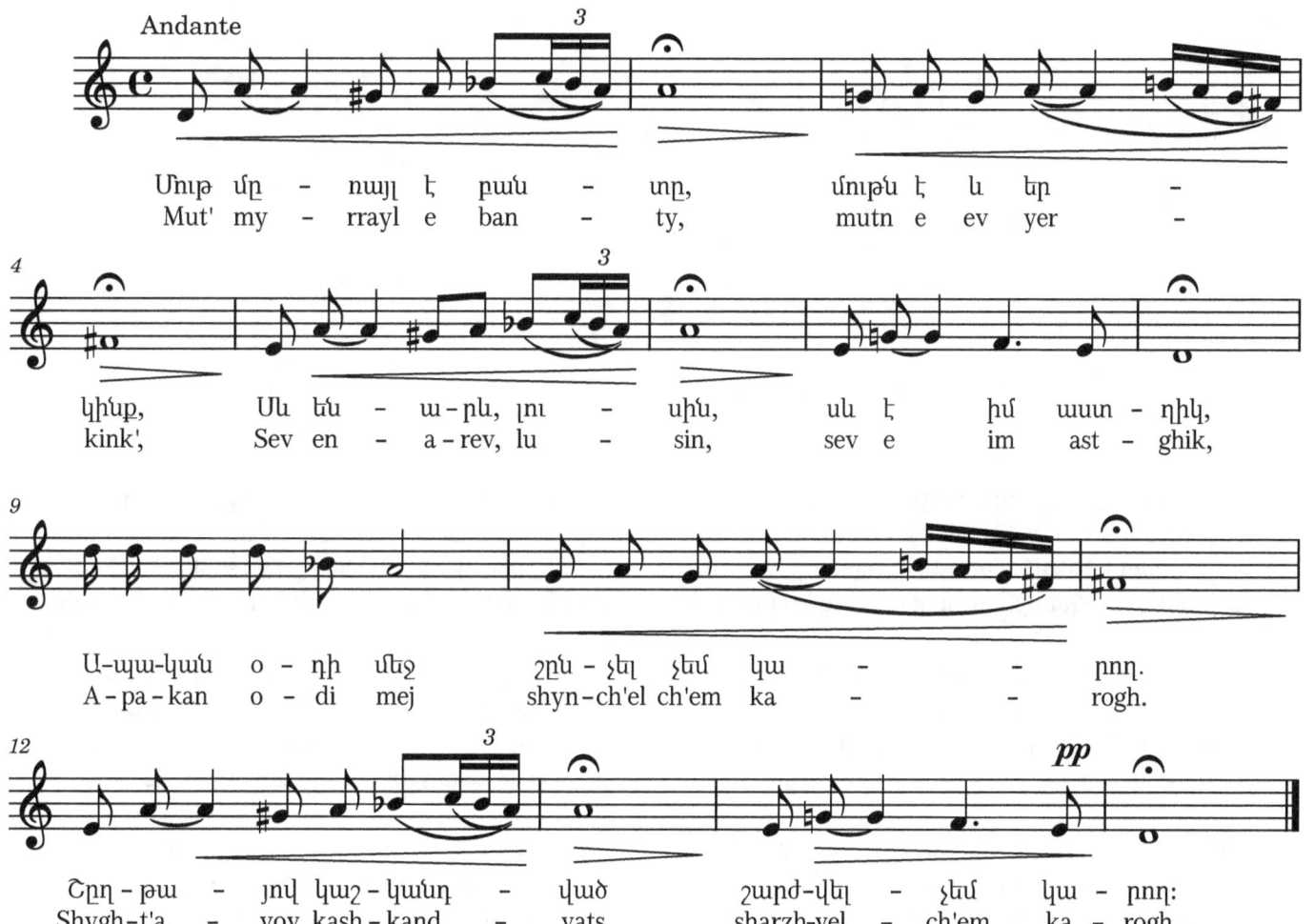

Մութ մռայլ է բանտը, մութն է և երկինք,
Սև են արև, լուսին, սև է իմ աստղիկ,
Ապական օդի մեջ շնչել չեմ կարող,
Շղթայով կաշկանդված՝ շարժվել չեմ կարող:

Կուլամ ու կարտասվեմ բանտի մութ խորքում,
Արև լույսից զրկված այս սև աշխարհում,
Անողոք են մարդիկ, անգութ ու վատթար,
Չեն լսում ողբերգս, տանջում չարաչար:

Ա՛խ, քեզ բյուր երանի, արծիվդ անարատ,
Որ միշտ սավառնում ես անհոգ ու ազատ,
Ոսկորներս հալվեցին դառն վշտերից,
Մեռնում են կարոտով, ա՛խ, լույս աշխարհից:

Mut' mrrayl e banty, mut'n e yev yerkink',
Sev en arev, lusin, sev e im astghik,
Apakan odi mej shnch'el ch'em karogh,
Shght'ayov kashkandvats` sharzhvel ch'em karogh.

Kulam u kartasvem banti mut' khork'um,
Arev luysits' zrkvats ays sev ashkharhum,
Anoghok' en mardik, angut' u vatt'ar,
Ch'en lsum voghbergs, tanjum ch'arach'ar.

A´kh, k'ez byur yerani, artsivd anarat,
Vor misht savarrnum es anhog u azat,
Voskorners halvets'in darrn vshterits',
Merrnum en karotov, a´kh, luys ashkharhits'.

ԵՐԳԻԾԱԿԱՆ
SATIRICAL

ԱՇԽԱՐՀԻ ԼԱԶԱԹԸ
ASHKHARHI LAZAT'Y

Թե որ կուզես լազաթ առնել աշխարհից,
Մի հեռանա անուշ երգող ընկերից,
Թեպետ շատ կան երկրում քնքույշ ծաղիկներ,
Բայց հոտ քաշիր կարմիր կոկոն վարդերից:

Երբ հոտ քաշես կոկոն վարդից,
Միշտ կլինես հեռու դարդից,
Ազնիվ ընկեր, ընտիր երգեր
Կբուժեն միշտ խորունկ վերքեր:

Գինին չափավոր,
Եվ ոչ ամեն օր,
Օգուտ է տալիս
Դեպքում կարևոր:

Հարբելուց եղիր զգույշ,
Վերջըդ չլինիս ապուշ,
Այս խրատը քեզ կտամ,
Քեզ, իմ հոգուս բարեկամ,
Այս խրատը քեզ կտամ,
Շերամն եմ՝ քեզ բարեկամ:

T'e vor kuzes lazat' arrnel ashkharhits',
Mi herrana anush yergogh ynkerits',
T'epet shat kan yerkrum k'nk'uysh tsaghikner,
Bayts' hot k'ashir karmir kokon varderits'.

Yerb hot k'ashes kokon vardits',
Misht klines herru dardits',
Azniv ynker, yntir yerger
Kbuzhen misht khorunk verk'er.

Ginin ch'ap'avor,
Yev voch' amen or,
Ogut e talis
Depk'um karevor.

Harbeluts' yeghir zguysh,
Verjyd ch'linis apush,
Ays khraty k'ez ktam,
K'ez, im hogus barekam,
Ays khraty k'ez ktam,
Sheramn yem՝ k'ez barekam.

ԷԼԻ ԴՈՒ ՊԻՏԻ ՀԱՄԲԵՐԵՍ
ELI DU PITI HAMBERES

Հարուստ էիր, սնանկացար,
Պարոն էիր, ծառա դարձար,
Բան գիտեիր, բայց մոռացար...

ԿՐԿՆԵՐԳ
Էլի դու պիտի համբերես,
Էլի դու պիտի համբերես,
Ինքդ չալես, ինքդ պարես։

Կուտեիր միշտ մեղր ու կարագ,
Տանդ վառում ոսկե ճրագ,
Վերջը եկար մտար մարագ...

Սամուր քուրքը վրեդ առած,
Թանկ սիգարը բերնիդ դրած,
Էդ ամենն էլ կորավ գնաց։

Ունեիր կին խիստ գեղանի,
Մատին գոհար խաս մատանի,
Այժմ չունիս չուլ յամանի...

Չհամբերես՝ ի՞նչ անես,
Լավ է էշդ ջուրը տանես,
Թեշիկ առնես բամբակ մանես...

Հե՜յ վախ, Շերամ, քառսուն տարի
Երգեցիր միշտ սեր ու բարի,
Ցորեն էիր, դարձար գարի։

Harust eir, snankats'ar,
Paron eir, tsarra dardzar,
Ban gitevr, bayts' morrats'ar...

CHORUS
Eli du piti hamberes,
Eli du piti hamberes,
Ink'd ch'ales, ink'd pares.

Kuteir misht meghr u karag,
Tand varrum voske chrag,
Verjy yekar mtar marag...

Samur k'urk'y vred arrats,
T'ank sigary bernid drats,
Ed amenn el korav gnats'.

Uneir kin khist geghani,
Matin gohar khas matani,
Ayzhm ch'unis ch'ul yamani...

Ch'hamberes' i'nch' anes,
Lav e eshd jury tanes,
T'eshik arrnes bambak manes...

He´y vakh, Shera'm, k'arrsun tari
Yergets'ir misht ser u bari,
Ts'oren eir, dardzar gari.

ԵԿԱՐ ԱՇԽԱՐՀ
EKAR ASHKHARH

Եկար աշխարհ՝ պետք է գնաս,
Ինչու իզուր տխուր մնաս,
Լավ է դարդից հեռու կենաս,
Դարդից օգուտ չես ունենա.

ԿՐԿՆԵՐԳ
Դարդից օգուտ չես ունենա,
Սրտիդ խորունկ վերք կմնա:

Քանի ձեռքըդ հնար ունիս,
Պետք է գործդ կարգով տանիս,
Ապրի՛, խնդա՛, չեղնի քնիս,
Դարդից օգուտ չես ունենա:

Թե քաղցած ես, մի վշտանա,
Մի օր փորըդ կըկշտանա,
Կյանքը այսպես միշտ չի մնա,
Դարդից օգուտ չես ունենա:

Մեկը՝ հագած խալիս ատլաս,
Մեկը՝ չունի չուլ ու փալաս,
Տո խելոք մարդ, դու ի՞նչ կուլաս,
Դարդից օգուտ չես ունենա:

Ի՞նչ ես մանում հաստ ու բարակ,
Նմանիս կոտրած ճախարակ,
Թեկուզ թան կեր, թեկուզ՝ կարագ,
Դարդից օգուտ չես ունենա:

Բաղի ծոցում վարդեր շատ կա,
Երկրի ծոցում զարդեր շատ կա,
Դարդ փնտրողին դարդեր շատ կա,
Դարդից օգուտ չես ունենա:

Yekar ashkharh՝ petk' e gnas,
Inch'u izur tkhur mnas,
Lav e dardits' herru kenas,
Dardits' ogut ch'es unena.

CHORUS
Dardits' ogut ch'es unena,
Syrtid khorunk verk' kmna.

K'ani dzerrk'yd hnar unis,
Petk' e gortsd kargov tanis,
Apri՛, khnda՛, ch'eghni k'nis,
Dardits' ogut ch'es unena.

T'e k'aghts'ats es, mi vshtana,
Mi or p'oryd kykshtana,
Kyank'y ayspes misht ch'i mna,
Dardits' ogut ch'es unena.

Meky՝ hagats khalis atlas,
Meky՝ ch'uni ch'ul u p'alas,
To khelok' mard, du i՞nch' kulas,
Dardits' ogut ch'es unena.

I՞nch' es manum hast u barak,
Nmanis kotrats chakharak,
T'ekuz t'an ker, t'ekuz՝ karag,
Dardits' ogut ch'es unena.

Baghi tsots'um varder shat ka,
Yerkri tsots'um zarder shat ka,
Dard p'ntroghin darder shat ka,
Dardits' ogut ch'es unena.

ԵՍ ՋԱՀԵԼ ԵՄ ՅԱՐՍ ՊԱՌԱՎ
ES JAHEL EM YARS PARAV

Ես ջահել եմ՝ յարս պառավ,
Ուրտի՞ց էկավ ընձի առավ,
Գլխիս խաթաբալա դառավ,
Էս ի՞նչ օրենք էր, որ դրին:

ԿՐԿՆԵՐԳ
Էս ինչ օրենք էր, որ դրին,
Որ չի գտնում յարը, յարին:

Ես սիրուն եմ՝ յարս չիրքին,
Վարք էլ չունի գոնե կարգին,
Կարծես քար է սիրտն ու հոգին,
Էս ինչ օրենք էր, որ դրին:

Մերս խորթ էր, հերս տկար,
Մեկըմ սրտով ցավող չկար,
Ընկել եմ, էլ չկա հնար,
Էս ինչ օրենք էր որ դրին:

Ոսկու զոռով ինձ խաբեցին,
Իրանց չափով էլ չափեցին,
Ատելուս հետ ինձ կապեցին,
Էս ինչ օրենք էր որ դրին:

Մոցիքուլը մտավ մեր տուն,
Համոզեց խորթ մորս թաքուն,
Տարան տվին պառավ մարդուն,
Էս ինչ օրենք էր որ դրին:

Զուրկ թողեցին ջահել յարես,
Մեծ է դարդս, խորն է յարես,
Պապակ թողին խաս գոհարես,
Էս ինչ օրենք էր որ դրին:

Yes jahel em` yars parrav,
Urti՞ts' ekav yndzi arrav,
Glkhis khat'abala darrav,
Es i՞nch' orenk' er, vor drin.

CHORUS
Es inch' orenk' er, vor drin,
Vor ch'i gtnum yary, yarin.

Yes sirun em` yars ch'irk'in,
Vark' el ch'uni gone kargin,
Kartses k'ar e sirtn u hogin,
Es inch' orenk' er, vor drin.

Mers khort' er, hers tkar,
Mekym srtov ts'avogh ch'kar,
Ynkel em, el ch'ka hnar,
Es inch' orenk' er vor drin.

Vosku zorrov indz khabets'in,
Irants' ch'ap'ov el ch'ap'ets'in,
Atelus het indz kapets'in,
Es inch' orenk' er vor drin.

Mots'ik'uly mtav mer tun,
Hamozets' khort' mors t'ak'un,
Taran tvin parrav mardun,
Es inch' orenk' er vor drin.

Zurk t'oghets'in jahel yares,
Mets e dards, khorn e yares,
Papak t'oghin khas gohares,
Es inch' orenk' er vor drin.

ՄՇԱԿԻ ՍԵՐԸ
MSHAKI SERY

Շալկես գցեմ քթոցս,
Չամիչ լցնեմ ջեբ-ծոցս,
Վաղուց յարիս չեմ տեսել,
Կրակն է լցվել ծոցս:

ԿՐԿՆԵՐԳ
Լուսիկս կերթա չայի ափերեն,
Չոլի տափերեն, ծաղկներ ժողվե բեռ բառնա,
Չեղնի թե աճապ ընձի մոռանա, թողնի հեռանա,
Ուրիշ յար բռնե,
Տված երդումեն ետ դառնա:

Էրթամ երեսը տեսնիմ,
Կարոտ-բաղձանքս հասնիմ,
Չամիչ լցնեմ գոգնոցը,
Չինարի բոյը տեսնիմ:

Մի բան էնեմ մըհանա,
Առավոտ գիշերհանա
Էլնիմ ու ճամփա ընկնիմ,
Աղես թող բան չիմանա:

Հասնիմ փափագս առնեմ,
Էս ջանս յանին խառնեմ,
Մեկ էլ տեսնեմ Լուսիկիս,
Գոռ, թե էն վախտ կմեռնեմ:

Սրտիս էլ դարդ չի մնա,
Ով կուզե թող նեղանա,
Ով որ ընձի բամբասե՝
Պատիժն աստծուց ստանա:

Անտեր մնա քթոցը,
Անուշ է յարի ծոցը,
Հեչ չէ մեկ անգամ քնիմ,
Կհանգչի սրտիս բոցը:

Հերի՛ք ես մշակ մնամ,
Աշխրքեն բան չիմանամ,
Լավ է գլուխս մեռնի,
Քանց Լուսիկես ջոկ մնամ:

Shalkes gts'em k't'ots's,
Ch'amich' lts'nem jeb-tsots's,
Vaghuts' yaris ch'em tesel,
Krakn e lts'vel tsots's.

CHORUS
Lusiks kert'a ch'ayi ap'eren,
Ch'oli tap'eren, tsaghkner zhoghve berr barrna,
Ch'eghni t'e achap yndzi morrana, t'oghni herrana,
Urish yar brrne,
Tvats yerdumen yet darrna.

Ert'am yeresy tesnim,
Karot-baghdzank's hasnim,
Ch'amich' lts'nem gognots'y,
Ch'inari boyy tesnim.

Mi ban enem myhana,
Arravot gisherhana
Elnim u champ'a ynknim,
Aghes t'ogh ban ch'imana.

Hasnim p'ap'ags arrnem,
Es jans yanin kharrnem,
Mek el tesnem Lusikis,
Gorr, t'e en vakht kmerrnem.

Srtis el dard ch'i mna,
Ov kuze t'ogh neghana,
Ov vor yndzi bambase՝
Patizhn asttsuts' stana.

Anter mna k't'ots'y,
Anush e yari tsots'y,
Hech' ch'e mek angam k'nim,
Khangch'i srtis bots'y.

Heri'k' yes mshak mnam,
Ashkhrk'en ban ch'imanam,
Lav e glukhs merrni,
K'ants' Lusikes jok mnam.

ՊԱՐԵՐ
DANCES

ՀԱՄԱՍՓՅՈՒՌ
HAMASPYUR

ՇԱՄԱՄԻ
SHAMAMI

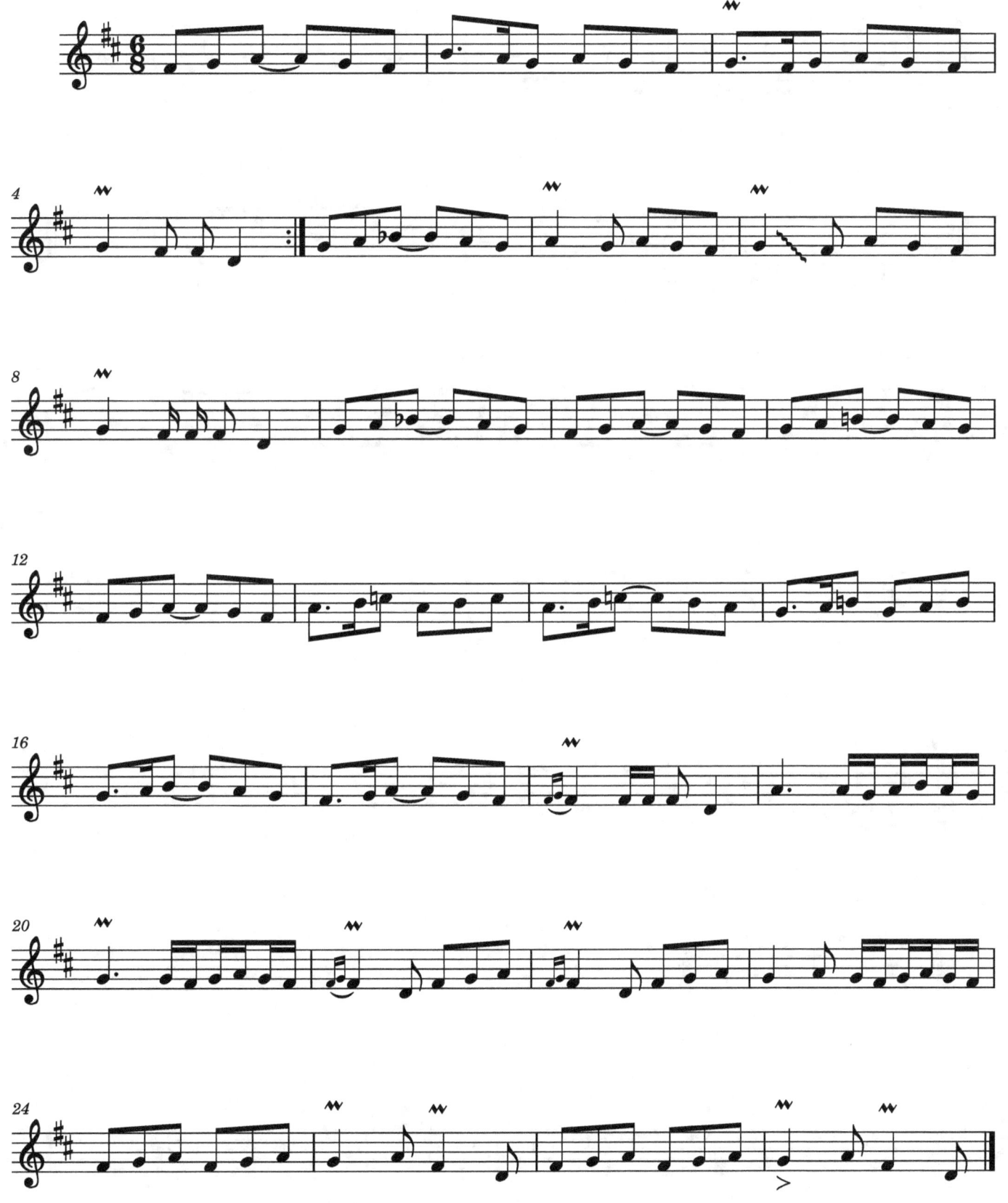

ՀԵՂՈՒՇԻ
HEGHUSHI

ՀԱՎԵԼՎԱԾ
APPENDIX

ԱՉՔԴ ԽՈՒՄԱՐ
ACHKD KHUMAR

Ըստ Արաքսիա Գյուլզադյանի
Per Araksya Gyulzadyan

Allegro ♩ = 122

Գարուն, սիրուն, անուշ յար,
Արի, դարդիս արա ճար,
Ես քեզ համար էրվում եմ,
Դու նստել ես բեխաբար:

ԿՐԿՆԵՐԳ
Աչքդ խումար,
Ունքդ կամար,
Անուշիկ յա՛ր,
Արի տար:

Իզուր սիրտս քեզ տվի,
Ալ օրս փոխվեց սևի,
Դարդես հեչ խաբար չունիս,
Թողիր կարոտ արևի:

Նվեր կուտամ, ինչ կուզես,
Ինձ մի՛ թողնի սևերես,
Քուն չունիմ, դադար չունիմ,
Գոնե մեկ օր արի տես:

Վարդս թողի հեռացա,
Բան ու գործըս մոռացա,
Մալ ու մուլքս վատնեցի,
Վառ էշխեղ աշուղ դարձա:

ՄԱՐԱԼ ՋԱՆ, ՀԵԶ ԱՐԻ
MARAL DJAN, HEZ ARI

Ըստ Արաքսիա Գյուլզադյանի
Per Araksya Gyulzadyan

Ամեն երեկո, ամեն առավոտ,
Ճամփեդ կսպասեմ, յա՛ր, պապակ ու կարոտ,
Աննման փերի, ինչու՞ զրկեցիր,
Թողիր ինձ այսպես ջիգյարս յարոտ:

ԿՐԿՆԵՐԳ
Մարալ ջա՛ն, հեզ արի,
Քիչ-քիչմ հեզ արի,
Ընձեն լավ յար չունիս,
Հեչ-հեչ մի՛ բեզարի:

Մոլոր ու շվար քեզ եմ որոնում,
Սիրտս է անվերջ, յա՛ր, լույս մարմինդ տենչում,
Բացի քեզանից ոչ ոք չի կարող
Մտնել էս պապակ ջիգյարիս խորքում:

Ինչու՞ց էր այդպես ապառաժ դարձար,
Շերամիս ընկած, յա՛ր, թողիր հեռացար,
Գոնե երազով էլ ինձ չես գալիս,
Խիղճդ մեռուցիր, իսպառ մոռացար:

ԱՆՋԻԳՅԱՐ ՅԱՐ
ANJIGYAR YAR

Moderato ♩ = 118

Ըստ Արաքսիա Գյուլզադյանի
Per Araksya Gyulzadyan

Ձմեռն էկավ՝ ձուն չի գա,
Ճամփեն կաշեմ՝ տուն չի գա,
Մարդու դարդաժար կենե,
Մենակ աչքս քուն չի գա:

Անջիգյար, անջիգյար, անջիգյար,
Անջիգյար, անջիգյար, անջիգյար,
Արի, մենակ եմ,
Արի, մենակ եմ, յա՛ր, քեզ կսպասեմ,
Չեղնի՝ քու դարդով մեռնիմ,
Չեղնի՝ քու դարդով մեռնիմ:

Գիշերն անուշ է, հով է,
Իմ սիրտը արնծով է,
Աշնան գիշեր է նախշուն,
Դարդոտ մարդուն համով է:

Անջիգյար, անջիգյար, անջիգյար,
Անջիգյար, անջիգյար, անջիգյար,
Արի, մենակ եմ,
Արի, մենակ եմ, յա՛ր, քեզ կսպասեմ,
Չեղնի՝ քու դարդով մեռնիմ,
Չեղնի՝ քու դարդով մեռնիմ:

ՆԱ ՄԻ ՆԱԶ ՈՒՆԻ
NA MI NAZ UNI

Ըստ Արաքսիա Գյուլզադյանի
Per Araksya Gyulzadyan

Andante ♩ = 58
Նվագ
Ե-կան գար-նան ա-նուշ օ - րեր, ծաղ - կով լըց-ված դաշ - տեր, ձո - րեր,
յա-րըս զուգ - վել սեյ-րան կեր - թա, հա - գած կապ-ված ալ - վան շո-րեր:
յա-րըս զուգ - վել սեյ-րան կեր - թա, հա - գած կապ ված ալ - վան շո-րեր:
Նա մի նազ ու-նի, նազ ու - նի, նազ ու - նի, ձեռ-քին սազ ու - նի,
սազ ու - նի, սազ ու - նի, չա - լե - լով սեյ - րան կեր -
- թա, դար-ձել է ջեյ - րան կեր - թա:

Եկան գարնան անուշ օրեր,
Ծաղկով լցվան դաշտեր, ձորեր,
Ցարս զուգվել սեյրան կերթա,
Հագած-կապած ալվան շորեր:

ԿՐԿՆԵՐԳ
Նա մի նազ ունի, նազ ունի, նազ ունի,
Ձեռքին սազ ունի, սազ ունի, սազ ունի,
Չալելով սեյրան կերթա,
Դարձել է ջեյրան՝ կերթա:

Արտուտն եկավ մտավ արտը,
Բլբուլն իջավ գրկեց վարդը,
Հազար սիրուն, հազար հեքիմ
Չեն իմանա սրտիս դարդը:

Հավքերն եկան երամ-երամ,
Անուն ունիմ աշուղ Շերամ,
Էնքան պիտի յարիս կանչեմ,
Տեյմոր վառվիմ որպես Քյարամ:

ՀԱԼԱԼ ԷՐԱ
HALAL ERA

Ըստ Արաքսիա Գյուլզադյանի
Per Araksya Gyulzadyan

Ճամփորդ եմ, ջանիդ ղուրբան,
Կաց բարով, ջա՛ն, սիրական,
Սիրտս քեզ մոտ կթողնիմ,
Չեղնի մնաս անգյուման:

Շամամ լանջեղ, շավաղ լանջեղ
Մեկ-մեկ համբույր
Հալալ էրա, հալալ էրա, հալալ էրա:

Աղբյուր բխեց ժեռ քարեն,
Մարալն իջավ սեգ սարեն,
Ուրիշեն ումուդ չունիմ,
Մենակ դուն ես իմ չարեն:

Շամամ լանջեղ, շավաղ լանջեղ
Մեկ-մեկ համբույր
Հալալ էրա, հալալ էրա, հալալ էրա:

Շատացան դուշմաններս,
Իրար մի տա դարդերս,
Աստված վրեդ բարկանա,
Թե որ ուրիշ յար ճարես:

Շամամ լանջեղ, շավաղ լանջեղ
Մեկ-մեկ համբույր
Հալալ էրա, հալալ էրա, հալալ էրա:

Լուսաստղն ելավ արդեն,
Կերգե բլբուլն իր վարդեն,
Քարվանն էկավ անց կացավ,
Խաբար չունիս իմ դարդեն:

Շամամ լանջեղ, շավաղ լանջեղ
Մեկ-մեկ համբույր
Հալալ էրա, հալալ էրա, հալալ էրա:

ՄԻ ԲԱԼԱ Է
MI BALA E

Ըստ Արաքսիա Գյուլզադյանի
Per Araksya Gyulzadyan

Moderato ♩ = 112

Մի բալա է էս իմ յարըս,
Մի յանղուն է, հուր ու բոց.
Խանձեց-խորվեց, կտրեց ճարս,
Իմ ջիգյարս շինեց խոց:

Ով կարող է՝ թող մոտենա,
Էս յանղունին, էս բոցին,
Կտրիճ կուզեմ, որ դիմանա
Էսքան դարդին, խոր խոցին:

Դարդեր, վարդեր, մեկ եմ հյուսել,
Ձեռքըս առել զարդի տեղ,
Ես ուզում եմ փունջ հոտոտել,
Դարդ եմ շնչում վարդի տեղ:

ՆԱԶ ԱՂՋԻԿ
NAZ AGHDJIK

Ըստ Արաքսիա Գյուլզադյանի
Per Araksya Gyulzadyan

Moderato ♪ = 140

Հալվեց սարերի ձյունը,
Խալերուդ դուրբան, նազ աղջիկ,
Բնեն թռավ թռչունը,
Քայլերուդ դուրբան, ջան աղջիկ,
Աչքես խլեցիր քունը,
Խալերուդ դուրբան, նազ աղջիկ:

ԿՐԿՆԵՐԳ
Եղնիկի նման ման գալդ,
Կաքավի նման պար գալդ,
Շրթունքդ լալ ու մարջան է,
Նայվածքդ հոգի կհանե:

Մեր ձորի ջուրն անուշ է,
Խալերուդ դուրբան, նազ աղջիկ,
Խաս վարդի փուշը նուշ է,
Քայլերուդ դուրբան, ջան աղջիկ,
Կուրծքդ նուրբ է, քնքուշ է,
Խալերուդ դուրբան, նազ աղջիկ:

ՔԵԶԱՆԻՑ ՄԱՍ ՉՈՒՆԻՄ
QEZANITS MAS CHUNIM

Ըստ Արաքսիա Գյուլզադյանի
Per Araksya Gyulzadyan

Քեզանից մաս չունիմ, կուրծքդ մի՛ բանա,
Իզուր ինձ մի տանջիր, էլ չեմ դիմանա,
Անսիրտ, անջիգյար, խեղճ եմ, ապիկար:

Մարմինդ շքեղ, աչքերդ կանթեղ,
Սրտեր են հալվում հայացքդ ահեղ.
Ունքերդ կամար, էրվա քեզ համար.
Հագել ես նախշուն, դառել սիրամարգ:

Ջաթի* ես հիվանդ եմ, քեզնեն ճար կուզեմ,
Մոտեցիր մեկ անգամ, դարդս քեզ ասեմ,
Անսիրտ, անջիգյար, խեղճ եմ, ապիկար:

Մարմինդ շքեղ, աչքերդ կանթեղ,
Սրտեր են հալվում հայացքդ ահեղ.
Ունքերդ կամար, էրվա քեզ համար.
Հագել ես նախշուն, դառել սիրամարգ:

ՇՈՐՈՐԱ
SHORORA

Ըստ Արաքսիա Գյուլզադյանի
Per Araksya Gyulzadyan

Բաղեն թռած բլբուլ եմ,
Պարտեզեն պոկած սմբուլ եմ,
Ով որ սիրտս հասկանա,
Ես նրան ղուրբան ու ղուլ եմ:

Շորորա,
Շորորա, թառլան, շորորա,
Շահմար հյուսք էրերա:
Շորորա, ջեյրան, շորորա,
Էրված սրտիս հով էրա:
Գիշերն անցավ՝ քուն չունիմ,
Շորորա, թառլան, շորորա,
Սովդաքար եմ՝ տուն չունիմ,
Ղանադներդ բա՛ց, հո՛վ էրա:

Աղբյուր եմ սարի սրտին,
Չարա չկա սրտիս դարդին,
Ամեն անցորդ կխմե,
Բլբուլն է ծարավ ալ վարդին:

Շորորա,
Շորորա, թառլան, շորորա,
Շահմար հյուսք էրերա:
Շորորա, ջեյրան, շորորա,
Էրված սրտիս հով էրա:
Գիշերն անցավ՝ քուն չունիմ,
Շորորա, թառլան, շորորա,
Սովդաքար եմ՝ տուն չունիմ,
Ղանադներդ բա՛ց, հո՛վ էրա:

ԹԱՌԼԱՆ - ՔԱՌԼԱՆ
TARLAN - TARLAN

Ըստ Արաքսիա Գյուլզադյանի
Per Araksya Gyulzadyan

իմ դար - դա - տա - րին ես մա - տաղ,

Թաղլան, թաղլան իմ յարը,
Դարդերիս դեղ ու ճարը,
Ծլած-ծաղկած հանդի մեջ,
Քնած է իմ սարդարը:

ԿՐԿՆԵՐԳ
Պալմ յարիս հատը, ջանիս հատը
Չկա, չկա սաղ աշխարհի մեջ,
Չկա վառ, պայծառ աստղերի մեջ,
Յարիս հատը, ջանիս հատը, ջանիս հատը.
Դրախտի ծաղիկ է իմ յարը.
Իմ նազատարին ես մատաղ,
Իմ դարդատարին ես մատաղ:

Էրթամ ձեն տամ, վեր հանեմ,
Վիզը ընկնիմ, տուն տանեմ,
Փաթաթվիմ անգին կրծքին,
Սրտիս սերը բաց անեմ:

Էն իմ սրտի սիրածին,
Էն իմ աչքի ջոկածին,
Հալալ-զուլալ ես մատաղ,
Աննման արարածին:

ՓՆՋԼԻԿ - ՄՆՋԼԻԿ
PNDJLIK - MNDJLIK

Ըստ Արաքսիա Գյուլզադյանի
Per Araksya Gyulzadyan

Allegro ♩ = 130

Յարըս կերթա սիպեղի,
Բլբուլի հետ՝ գեղգեղի,
Ու որ վառե մեկ անգամ,
Ինձ կայրե ամեն հեղի:

Գնում ես ու գալիս արոտով,
Մնացի, ախ, յարիս կարոտով,
Փնջլիկ-մնջլիկ մազերուն
Մեռնեի սրտատար նազերուն:

Վարդի ծառը փուշ-փուշ է,
Յարով քնելն անուշ է,
Շեկլիկ ու շղվա յարս
Ճտվտիկ սիրուն դուշ է:

Դարի դոշին արտեր կան,
Սարի փեշին վարդեր կան,
Յարս փնջեր է կապել,
Հետը սիրո դարդեր կան:

ՍԱՐԵՐ ԿԱՂԱՉԵՄ
SARER KAGHACHEM

Ըստ Օֆելյա Համբարձումյանի
Per Ofelia Hambardzumyan

Lento ♩ = 55

Սարեր, կաղաչեմ, իջեք ցածրացեք,
Գնում եմ յարիս, մի ճամփա բացեք,
Աստված կըսիրեք ճամփես մի՛ք կապի՝
Շատ եմ պապակել, սիրտս կշտապի:

Ձեր փեշին թոշնած տերևի նման,
Ընկած եմ վաղուց անհույս, անգյուման,
Թույլ տվեք անցնիմ էրթամ յարիս մոտ,
Բալքի մեկ տեսնիմ՝ չմեռնիմ կարոտ:

Կարոտ, ա՜խ, կարոտ, ջիգյարս յարոտ,
Հե՜յ ճամփես չաթին, փշոտ է քարոտ,
Ջահել հասակից սիրեցի նրան,
Բայց նամարդ մարդիկ խլեցին տարան:

Խլեցին տարան, արևս սնցավ,
Բաժին աշխարհըս վերանա դարձավ,
Ապրում եմ, համա ապրումներ չունիմ,
Էլ ուրիշ մեկին սեր-սավդա չունիմ:

Շերամ, սեզ յարիդ սիրտըն է սառել,
Էլ ի՞նչ ես իզուր փարվանա դառել,
Չոքել կաղաչես սարին ու քարին,
Ուրիշն է տիրել քո սիրած յարին:

ՀԱԶԱՐ ԷՐՆԵԿ
HAZAR ERNEK

Ըստ Օֆելյա Համբարձումյանի
Per Ofelia Hambardzumyan

Con moto ♪ = 160

Հազար էրնեկ էն գիշերին,
Որ ինձ բութա տվեցիր*,
Ոսկե թռչնիկ, իմ հեգ սրտին,
Ձեռքդ զարկիր, խլեցիր:

ԿՐԿՆԵՐԳ
Էն օրվանեն բեխաբար,
Եղա դադարկուն, անճար
Ո՛չ մի անգամ մոտիկ կուգաս,
Ո՛չ էլ իսպառ կհեռանաս:

Ոսկե թասը լիքը գինով,
Անուշ գինով մուրազի,
Կտաս նրան հազար նազով,
Ով որ քեզ կըերազի:

Ես խմեցի... էն օրվանեն
Դեռ հարբած եմ քո էշխեն,
Թե բութա էր, հապա ու՞ր է...
Չեմ հասնի իմ մուրազին:

ԷԼԻ ԵՐԿԻՆՔՆ ԱՄՊԵԼ Է
ELI YERKINKN AMPEL A

Ըստ Օֆելյա Համբարձումյանի
Per Ofelia Hambardzumyan

Էլի երկինքն ամպել է,
Յարըս ալ ձին թամբել է,
Ընձեն խռովել՝ կերթա,
Բոխչես կապել՝ ճամփել է:

Նախշուն հավքեր, անուշ հովեր, շեն աշխարհ,
Ասեք յարիս հերիք զարկե քարեքար:*

Արև չկա ինձ համար,
Զունիմ հանգիստ ու դադար,
Կանչեմ-կանչեմ չի գալիս,
Սերըս մնաց կիսկատար:

Հոգով, սրտով սիրեցի,
Անջաղ-անջաղ տիրեցի,
Լեզուդ լղլի, հեյ, դուշման,
Ուշ գտա, շուտ կորուցի:

Անուշ օրս դառնացավ,
Մեղքս ինչ էր՝ մոռացավ,
Դուռը վըրես փակ թողեց,
Հեյ վախ, գնաց հեռացավ:

Տըված խոսքեն դառել է,
Սրտի սերը սառել է,
Սիրտս պոկեց ու գնաց,
Կարծես սիրտը մեռել է:

Մասիս, մեռնիմ էդ քու փեշին,
Ճամփա տուր զմրուխտ դշին,
Յարս վեր առել՝ կերթա,
Ջիգյարս վառել՝ կերթա:

ՍԻՐՈՒՆՆԵՐ, ՄԻՔ ՆԵՂԵՆԱ
SIRUNNER, MIK NEGHENA

Ըստ Օֆելյա Համբարձումյանի
Per Ofelia Hambardzumyan

Allegro non troppo ♪ = 155

Սիրուննե՛ր, միք նեղենա,
Որ միշտ իմ յարիս եմ գովում,
Դուք իմ դարդը չեք իմանա,
Էնտի յարիս եմ գովում,
Էնտի փերիս եմ գովում:

Թեկուզ լինիք աղավնյակ
Թևիկներդ լայն բաց արած,
Ճախրելով վեր բարձրանաք,
Էլի յարիս եմ գովում,
Էլի փերիս եմ գովում:

Որքան կուզեք զարդարվեք
Ալ ու եշիլ գոհարներով.
Յարս՝ սև, դուք՝ ալ հագեք,
Էլի յարիս եմ գովում,
Էլի փերիս եմ գովում:

Թեկուզ լինիք սիրամարգ
Ձեր նախշուն փետուրներով,
Կամ անուշ երգող սոխակ,
Էլի յարիս եմ գովում,
Էլի փերիս եմ գովում:

Մազերդ՝ ոսկե թելեր,
Ունքերդ՝ նորածին լուսին,
Աչքերդ՝ փայլուն աստղեր,
Էլի յարիս եմ գովում,
Էլի փերիս եմ գովում:

Ամենքդ մեկ-մեկ փերի
Աչքիս առաջ ման եք գալի,
Բայց ինձ չեք կարող գերի,
Էնտի յարիս եմ գովում,
Էնտի փերիս եմ գովում:

ՎԱՐԴ ՑԱՆԵՑԻ
VARD TSANETSI

Ըստ Օֆելյա Համբարձումյանի
Per Ofelia Hambardzumyan

Larghetto ♩ = 65

Մեկ սիրտ էրա, հեյ անչիգյար.
Արի մեր տուն ներս մտի,
Ես հիվանդ եմ, յա՛ր, քո դարդով,
Էդ քո սիրով ճար գտի:

ԿՐԿՆԵՐԳ
Վարդ ցանեցի՝
Դարդ քաղեցի,
Յար փնտրեցի՝
Յարա գտա:

Աչքս մնաց, ա՛խ, քո ճամփեդ,
Հեչ չէ արի երազով,
Մեկ էլ տեսնիմ շղվա* բոյդ,
Ձեռնի մեռնիմ մուրազով:

Թե սարեր կան ճամփուդ վրա,
Թև առ թռի, անց կացի,
Թե չարեր կան սրտիդ վրա,
Դուրս վռնդե, շուտ հասի:

Տարիներս գլոր-մլոր,
Ա՜խ, շուտ անցան գնացին,
Իմ սավդալու** սրտիս բոլոր,
Քու դարդերդ մնացին:

ԲԱՌԱՐԱՆ

Ա

ԱԶԻԶ - Սիրելի, թանկագին: || Dear, sweetheart.
ԱԼՂԱՆԱԴ - Կարմիր թև ունեցող || Red winged.
ԱԼՎԱԼԱ - Կարմրավառ, գունագեղ: || Reddish, colorful.
ԱԼՎԱՆ - Երփներանգ, գույնզգույն, վառվռուն, հուրհրան: || Colorful, vibrant, fiery.
ԱՃԱՊ, ԱՋԱԲ - Արդյոք: || Whether.
ԱՆԳՅՈՒՄԱՆ - Անհույս, անհետ: || Hopeless, missing.
ԱՆՂԱԼԱՏ, ԱՆՂԱԼԱԹ - Անթերի, գեղեցիկ: || Perfect, beautiful.
ԱՆՂԱՆԱԴ - Անթև, թևեր չունեցող: Անղանադ դուշ՝ թևեր չունեցող աղավնի: || Wingless, who has no wings.
ԱՆՋԱՂ, ԱՆՋԱԽ - Հազիվ, հազիվհազ: Միայն թե: Սակայն, բայց: || Hardly, faintly.
ԱՆՋԻԳՅԱՐ - Անխիղճ, անսիրտ, անգութ: Սառը, անտարբեր: || Ruthless, heartless, cold, indifferent.
ԱՆՎԱԼԱԴ - Անփորձ, անհմուտ: || Inexperienced.
ԱՇԵԼ - Նայել, դիտել: || To look, to watch.
ԱՇՈՒՂ - Աշուղ են կոչվում ժողովրդական այն ստեղծագործողները, որոնք երգի խոսքն ու երաժշտությունը կատարում են որևէ երաժշտական գործիքի նվագակցությամբ (քամանչա, սազ, թառ և այլն): || Ashughs are the folk troubadours who performed the lyrics and music of a song with the accompaniment of a musical instrument (kamancha, saz, tar, etc.).
ԱՏԼԱՍ - Մետաքս, մետաքսե նուրբ գործվածք: || Silk, fine silk fabric.
ԱՐՆԾՈՎ - Արյան ծով: || Sea of blood.
ԱՐՈՒՍՅԱԿ - Արեգակի մոլորակներից մեկը (Վեներան), որ սովորաբար երևում է իբրև շատ պայծառ աստղ երեկոյան (Գիշերավար) կամ առավոտյան (Լուսաբեր, Լուսաստղ): || Venus.

Բ

ԲԱԶԱՐ - Շուկա: || MArket.
ԲԱԼԱՍԱՆ - Սպեղանի, դեղամիջոց, սփոփանք, մխիթարություն: || Plaster, medicine, consolation, comfort.
ԲԱԼՔԻ - Գուցե, թերևս: || Maybe.
ԲԱՂ - Այգի, բանջարանոց: || Garden, vegetable garden.
ԲԱՂՉԱ, ԲԱԽՉԱ - Պարտեզ, այգի բանջարանոց: || Garden, vegetable garden.
ԲԵԶԱՐԵԼ - Հոգնել, ձանձրանալ: || To be tired or bored.
ԲԵԽԱԲԱՐ - Անտեղյակ, անիրազեկ: || Unaware.
ԲԵՄՈՒՐԱԶ - Փափագը չկատարված, նպատակին չհասած, անմուրազ: || The one who's desire has not been fulfilled.
ԲԵՉԱՐԱ - Անճարակ, խեղճ, թշվառ: || Poor, miserable.
ԲԻՆԻՇ - Վերարկու, լայն ընդարձակ հագուստ-թիկնոց: || Coat, wide loose clothing-cape.
ԲԼԲՈՒԼ - Սոխակ: || Nightingale.
ԲԼԲՈՒԼ ԿՏՐԵԼ - Ոգևորված խոսել: || To speak with excitement.

ԲԼԵԼ - Քանդվել, փուլ գալ: || To crumble, to collapse.
ԲՈԲԼԻԿ - Ոտնաբոբիկ, ոտքերը մերկ: || Barefoot.
ԲՈԽԱԽ - Ծնոտի տակի փափուկ միսը, ենթակզակ: || The soft flesh under the chin.
ԲՈԽՉԱ - Շորերի կամ ուտելիքի կապոց: || A bundle of clothes or food.
ԲՈՅ - Հասակի բարձրությունը, երկարություն: || Height, stature.
ԲՈՅ ՈՒ ԲՈՒՍ(ԱԹ) - Լավ արտքին տեսք, բարձրահասակ ու գեղեցկադեմ: || Someone with a good appearance, tall and handsome.
ԲՈՒԹԱ - Սիրելի, պաշտելի: || Dear, adorable.
ԲՈՒԹԱ ՏԱԼ - Սիրելի էակի հետ համաձայնության գալ: || To come to an agreement with a loved one.
ԲՈՒՍՈՒՑԵԼ - Աճեցնել: || To grow.

Գ

ԳԵՂԱՆԱՁ - Գեղեցիկ նազանքով: || With beautiful tenderness.
ԳԵՂԳԵՂԵԼ - Դայլայլել, ձայնը խաղացնելով, կլկլացնելով երգել: || Singing with a quavering, warbling voice.
ԳՅՈՒՄԱՆ - Հույս: || Hope.
ԳՈՀԱՐ - Թանկագին, ազնիվ քար: Ազնվագույնը՝ լավագույնը իր տեսակի մեջ: || Precious, noble stone. The noblest, the best of its kind.

Դ

ԴԱԴԱՐԿՈՒՆ, ԴԱԴԱՐԳՅՈՒՆ - Ամեն ինչից զուրկ, տնից տեղից կտրված, թափառական դարձած: || Deprived of everything, cut off from home, wandered.
ԴԱՍՏԱ - Մի ձեռքում տեղավորվող քանակություն, փունջ, տրցակ, կապ: || Quantity to fit in one hand, bunch, bunch, tie.
ԴԱՐ - Բարձունք, լեռնալանջ, բլուր: Դարի դոշին՝ լեռան լանջին: || Hill, hillside,slope.
ԴԱՐԴ - Վիշտ, ցավ, հոգս մտահոգություն: || Sorrow, pain, worry.
ԴԱՐԴԱԺԱՐ - Հանգիստ՝ դադար չունեցող, անհանգիստ: || Restless.
ԴԱՐՄԱՆ - Դեղ, դեղամիջոց, սփոփանք, մխիթարություն: Դարդին դարման անել՝ հիվանդությունը՝ ցավը բուժելու համար միջոցներ գտնել: || Medicine, consolation. To cure the pain, to find the means to cure the disease, heartache.
ԴԻՎԱՆ - Դատ, դատաստան, դատարան: Դիվան անել՝ դատել, դատավճիռ կայացնել: || Trial, judgment, court.
ԴՈՇ - Կուրծք: Սարի՝ լեռան լանջ: || Breast. Slope.
ԴՈՇԱԿ - Ներքնակ, անկողին: || Mattress, bed.
ԴՈՒՄԱՆ - Մեգ, մշուշ, մառախուղ: Ծուխ, փոշի: || Fog, smoke, dust.
ԴՈՒՇՄԱՆ - Թշնամի: || Enemy.

Ե

ԵԹՈՒՄ, ԵԹԻՄ - Որբ: || Orphan.

ԵՇԻԼ - Նայել, տեսնել: Սպասել: || To look, to see.
ԵՐԴԻՔ, ԵՐԴԻԿ - Տանիք, հողե կտուր: || Roof, earthen roof.

Զ

ԶԱԹԻ - Արդեն իսկ, հենց, ասենք: || Just, already.
ԶԱԼՈՒՄ, ԶՈՒԼՈՒՄ - Աղետ, արհավիրք, պատուհաս, մեծ դժբախտություն: || Disaster, catastrophe, plague, great misfortune.
ԶՄՐՈՒԽՏ - Վառ կանաչ գույնի թանկագին քար: Կանաչ, կանաչ գույնի: || Emerald. A bright green gemstone. Green, green color.

Է

ԷՆՉԱԽ - Այն ժամանակ: || Then, at that time.
ԷՆՏԻ - Նորից, կրկին: || Again.
ԷՇԽ - Սեր: Եռանդ, ավյուն, ոգևորություն: || Love. Energy, vigor, enthusiasm.
ԷՇԽԻ ԳԱԼ / ԸՆԿՆԵԼ - Ոգևորվել, խանդավառվել: || Being excited, excited.
ԷՇԽ ՏԱԼ - Մեկի սիրտը սեր զգել: || To fall in love.
ԷՐՎԵԼ - Վառվել, այրվել: || To burn.

Ը

ԸՆՁԵՆ - Ինձանից: || From me.
ԸՆՉԻ - Ինչու: || Why?

Թ

ԹԱՌ - Աշուղների երաժշտական լարային գործիք: || Musical string instrument of ashughs.
ԹԱՌԼԱՆ - Շատ գեղեցիկ, չքնաղ: Բազե: || Very beautiful, wonderful. Falcon.
ԹԱՍ - Գավաթ, բաժակ, լայնաբերան աման: || Cup, wide bowl.
ԹԱՔ - Մի հատիկ, միակ: || The only one, single.
ԹՎԱՆՔ - Հրացան: || A rifle.

Լ

ԼԱԶԱԹ - Հաճույք, բավականություն: || Pleasure, satisfaction.
ԼԱԼ - Շափյուղա: Թանկագին քար: || Sapphire.
ԼԱՆՋ - Կուրծք: Զառիվեր: || Breast. Slope.

Խ

ԽԱԲԱՐ- Լուր, տեղեկություն: || News, information.

ԽԱԹԱԲԱԼԱ - Գլխացավանք, հոգս: || Headache, concern.
ԽԱԺՈՒԺ - Կապտավուն կամ կանաչի տվող, խաժակն: Խաժ աչքերով: || A bluish or greenish hue (generally eyes). With squinting eyes.
ԽԱԼ - Բնածին մուգ գույնի նշան մարդու երեսի կամ մարմնի վրա: || A birthmark, nevus, mole.
ԽԱԼԻՍ - Մաքուր, զուտ, անխառն, իսկական: Խալիս ատլաս՝ իսկական մետաքս: || Clean, pure, unmixed, real.
ԽԱՆՉԱԼ - Դաշույն: || A dagger.
ԽԱՆԸՄ/ԽԱՆՈՒՄ - Տիկին: || Madam.
ԽԱՍ - Ընտիր, առաջնակարգ: Զուտ, անխառն, անարատ: Մետաքս, կերպաս: || Selected, first-class. Pure, unmixed, pure.
ԽԵՐ - Բարիք, բարերարություն: Բարի, լավ, հաջողակ, բարեգուշակ: Օգուտ, շահ: Փառք: || Good, charity. Kind, good, successful.Glory.
ԽՈՒՄԱՐ - Գեղեցկության հասնող, փոքր ինչ շիլ աչք ունեցող, անուշ հայացքով: Խումար աչք՝ Սիրունատես աչք, քիչ շիլ, գեղեցիկ աչքերով: || Beautiful, slightly flabby eyes, with a sweet look. A little shaggy, with beautiful eyes.

Ծ

ԾԱՎԻ - Բաց կապույտ, ծովագույն, երկնագույն: Կապուտաչյա: || Light blue, navy blue.

Կ

ԿԱԼ - Հացահատիկի խրձերը փռելու և կալսելու տեղ, կալատեղ: || A place to spread grains for threshing.
ԿԵՆԱԼ - Մնալ, լինել, գտնվել: || To stay, to be.
ԿԵՐՊԱՍ - Մետաքս, ատլաս: || Silk, satin.
ԿՈԼԽՈԶ - Կոլեկտիվ տնտեսություն: Գյուղատնտեսական ձևավորում Սովետական Միության ժամանակաշրջանում: || Collective farm. An agricultural farming unit during the Soviet era.
ԿՈՒԼԱՄ - Կլացեմ: || I will cry.

Հ

ՀԱԼԱԼ - Արդար, անխարդախ, ազնիվ: Հարազատ: Ճիշտ, ուղիղ: || Fair, honest, straight.
ՀԱԼԱԼ-ԶՈՒԼԱԼ - Մաքուր, արդար: || Clean, fair.
ՀԱԼԱՎ - Հագուստ, զգեստ, շոր: || Clothes, dress.
ՀԱԽԻՑ ԳԱԼ - Արժանի պատիժ տալ, վրեժ լուծել: || To give a worthy punishment, to take revenge.
ՀԱՅԻԼ-ՄԱՅԻԼ ԿՏՐԵԼ - Զմայլվել, սքանչանալ: Խիստ զարմանալ, ապշել: || To admire, to marvel. To be very surprised.
ՀԱՆԴ - Դաշտ, արտ: || Field.
ՀԱՎԱՍ - Տրամադրություն, փափագ, իղձ: || Mood, desire, longing.

ՀԱՎՔ - Թռչուն: || A bird.
ՀԱՐԱՄ - Պիղծ, ապականված: Կեղտոտ, անմաքուր: Անարդար, անազնիվ: || Dirty, corrupt, unfair, dishonest.
ՀԵԳ - Խեղճ, թշվառ: || Miserable.
ՀԵՂ - Անգամ: Ինձ կայրե ամեն հեղի՝ ինձ կայրե ամեն անգամ: || Every time.
ՀԵՅՐԱՆ - Զմայլանք, հիացմունք: Հեյրան անել՝ խելքահան անել, խենթացնել: Հեյրան լինել՝ սքանչանալ, զմայլվել: || Admiration. To amaze, to drive crazy. To be admired.
ՀԵՔԻՄ - Տնական միջոցներով բուժող բժիշկ: || Homeopathic doctor.
ՀՆԱՐ - Հնարավորություն, ճար, կարելիություն: || Opportunity.

Ղ

ՂԱՆԱԴ - Թռչունի թև: Դռան պատուհանի փեղկ: || Bird's wing. Door or window sash.
ՂԱՆԱՎՈՒԶ - Մետաքսե ընտիր կտոր, կերպաս: || A fine piece of silk, satin.
ՂՈՒԼ - Ծառա: Ղուլ էղնիլ՝ ծառա դառնալ: || Servant. Slave.
ՂՈՒՇ - Աղավնի: Ընդհանրապես թռչուն: || A dove. Generally a bird.
ՂՈՒՐԲԱՆ ԷՂՆԻԼ - Մատաղ լինել, շատ սիրելուց պատրաստ լինել կյանքը զոհելու: || To be a sacrifice, to be willing to sacrifice life out of love.

Ճ

ՃԱՐ - Դեղ, դարման: Հնար: || Medicine.

Մ

ՄԱԼ ՈՒ ՄԱԼԱԼ - Իղձ, փափագ, եռանդ: || Desire, longing, energy.
ՄԱԼ ՈՒ ՄՈՒԼՔ - Մալ՝ խոշոր եղջերավոր անասուն, տավար: Մուլք՝ անշարժ գույք, կալվածք: Մալ ու մուլք՝ հարստություն, կարողություն: || Cattle, beef. Property, real estate, estate.
ՄԱԼՈՒԼ - Տխուր: || Sad.
ՄԱԼՈՒՄ - Հայտնի, նշմարելի, աչքի ընկնող: || Famous, noticeable, conspicuous.
ՄԱՀԼԱՄ - Սպեղանի, վիրակապ: || Bandage.
ՄԱՀՐՈՒՄ - Զուրկ, զրկված: || benefit, interest.
ՄԱՅԱ - Օգուտ, շահ: || Benefit, interest, profit.
ՄԱՋՆՈՒՆ - Մերձավոր Արևելքում տարածված "Լեյլի և Մեջնուն" սիրավեպի հերոս: Համարժեք է "Ռոմեո և Ջուլիետ" սիրավեպի Ռոմեոյի կերպարին՝ սիրահար երիտասարդ: || The hero of the "Leyli and Mejnun" love epic popular in the Middle East. Equivalent to the image of Romeo in Shakespeare's "Romeo and Juliet", a young man in love.
ՄԱՐԱԼ - Եղնիկ, եղջերու: Շատ գեղեցիկ: || Deer. Very beautiful.
ՄԱՐՋԱՆ - Թանկագին քար, կորալ, բուստ: Ծովային պոլիպների մի տեսակ, որի կրացած մարմիններից գոյացած սպիտակ, կարմիր կամ սև գույնի քարերից հատուկ մշակմամբ զարդարանք են պատրաստում: || Precious stone, corall.
ՄԵՅԴԱՆ - Հրապարակ, ասպարեզ: || Square, arena.

ՄԸՀԱՆԱ, ՄԱՀԱՆԱ - Կեղծ պատճառ, չնչին պատճառաբանություն: Մահանա բռնել՝ պատճառ, առիթ որոնել: || False reason. To look for a reason, an occasion.
ՄՇԱԿ - Աշխատավոր, վարձու բանվոր, հողագործ, բեռնակիր: || Workman, farmer, porter.
ՄՈՑԻՔՈՒԼ - Ամուսնության գործերում միջնորդ կին: || A marriage mediator.
ՄՈՒՐԱԶ - Նվիրական ցանկություն, իղձ, փափագ: Մուրազին հասնել՝ նպատակին հասնել: Մուրազը փորը մնալ՝ նվիրական, տենչած ցանկությանը չհասած: || Sacred desire, longing.

Յ

ՅԱԳՈՒԹ - Սուտակ, հակինթ: Երկնագույն կամ դեղնակարմիր թանկագին քար, որ գործածում են որպես ակնեղեն: || Hyacinth. Blue or yellow-red precious stones used as gems.
ՅԱՄԱՆ -Խնդրանքի՝ աղաչանքի բացականչություն, օհ, աղաչում եմ: Սոսկալի, սարսափելի: Դժվար, ծանր: Մեծ, հսկայական: Վշտի՝ ցավի բացականչություն: Յաման յարա՝ անբուժելի վերք: || The cry of supplication. An outcry of sorrow.
ՅԱՆԴՈՒՆ - Հրդեհ: Կրակոտ, վառվռուն: || Fire. Fiery.
ՅԱՐ - Սիրած աղջիկ կամ տղա, սիրուհի, սիրեկան: || Mistress, lover.
ՅԱՐԱ - Վերք, հոգեկան տառապանք, վիշտ, ցավ: Յարա շինել՝ վերք դարձնել: || Wound, mental suffering, sorrow, pain.
ՅԱՐԱԼՈՒ - Վիրավոր, վերք ունեցող: Վշտահար, վիշտ՝ ցավ ունեցող: || Wounded.
ՅԱՐԱՆ - Բարեկամ, ընկեր: Օգնող, աջակից: Յարանը յարա կը բանա՝ մարդուն ցավ պատճառողը ընկերը՝ բարեկամն է լինում: || Friend. Supporter.
ՅՈՐՂԱՆ - Վերմակ: || Blanket.

Ն

ՆԱԶ - Կոտրատվելը, չեմուչում: Նազանք, պչրանք, կոկետություն, քնքշանք: Նազ անել՝ չեմուչում անել, ձևացնել թե չի ուզում: || Coquetry.
ՆԱԶԱՏԱՐ - Նազերը տանող: Չեմուչում անելուն, կոտրատվելուն դիմացող մարդ: || A person who resists to someone’s coquetry.
ՆԱԶԱՐ - Չար աչք: Չտան նազար՝ աչքով չտան: || Evil eye.
ՆԱԶԼՈՒ - Գեղեցիկ, վայելչագեղ, նազելի: || Beautiful, elegant, graceful.
ՆԱՄԱՐԴ - Տմարդի, անազնիվ, ստոր մարդ: || A dishonest, insidious man.
ՆՈՃԻ - Բարձր՝ սլացիկ ու նրբագեղ հասակ: Նոճազգիների ընտանիքին պատկանող մշտադալար ծառ: || Tall, slender and elegant. Evergreen tree.

Շ

ՇԱՀԱՆ - Բազե: Շահանի աչքեր՝ մեծ աչքեր: || Falcon. Falcon eyes, big eyes.
ՇԱՀՄԱՐ - Սև ու ոլորուն, օձանման: Օձի առանձին տեսակ, որ ավելի մեծ է և կարմիր գույն ունի: || Winding, like a snake.
ՇԱՂ - Բարակ անձրև, ցող կաթիլ: || Thin rain, dew drop.

ՇԱՄԱՄ - Ոչ շատ մեծ, գնդաձև անուշահոտ սեխ: Նմանությամբ ասվում է մատաղատի աղջիկների համար: Շամամի նման կլոր՝ գեղեցիկ ու հոտավետ: || Not too big, round and fragrant melon. Round like shamam, beautiful and fragrant.

ՇԱՎԱՂ/ՇԱՓԱՂ - Փայլ, շող, ցոլք, լույս: || Shine, shine, glare, light.

ՇԱՐՄԱՂ - Գեղեցիկ, սիրուն: Բարակ, նազով, նուրբ: || Beautiful, lovely. Thin, delicate.

ՇԻՏԿԵԼ - Ուղղել, դարձնել: || To correct.

ՇՂՎԱ - Մատղաշ տնկի, շիվ: Բարձր ու բարակ, բարևձև, ճկուն: || Sampling. Tall and thin,, flexible.

ՇՈՐՈՐԱԼ - Նազանքով շարժվել, սիգաճեմ քայլել: || To move gracefully, to walk slowly.

ՇՈԽ - Աշխույժ, զվարթ, կենսուրախ: || Lively, cheerful.

ՇՎԱՐ - Շվարած, շփոթված. մոլորված: || Stunned, confused, lost.

Չ

ՉԱԹԻՆ - Դժվար: || Difficult.

ՉԱՅ - Գետ: Չայի ափ՝ գետի ափ: || River.

ՉԱՐԱ - Հույս, ապավեն: Ճար, հնար: *Չարա բէչարա՝ ճարահատյալ, ճարը կտրած:* || Hope, reliance.

ՉԻՐԳԻՆ - Տգեղ: || Ugly.

ՉՈԼ - Անապատ, անջրդի, անմշակ տարածություն: Վայրի՝ անբնակ տեղ: || Desert, arid, uncultivated space. Wild, uninhabited place.

ՉՈԼԻ ՋԵՅՐԱՆ - Վայրի եղնիկ: || Wild deer.

ՉՈԽԼ ՈՒ ՓԱԼԱՍ - Հին ու մին, հնացած, մաշված, անպետքացած զգեստ: || Old, worn, or useless dress.

ՉՓԼԱՂ - Մերկ, տկլոր, աղքատ: || Naked, poor.

Պ

ՊԱԼԱ - Բալա, որդի, որդյակ: || Dear.

ՊԵԽ - Բեղ: || Moustache.

Ջ

ՋԱՆ - Մարմին, կյանք: Գործածվում է գոյականների հետ իբրև փաղաքշական բառ՝ սիրելիս, հոգիս իմաստով: || Body, life. Usually, added to names or nouns to express affection, for example: Emushok jan, Arusik jan, David jan.

ՋԵԲ - Գրպան: || Pocket.

ՋԵՅՐԱՆ - Այծյամի կամ կխտարի մի տեսակ, գեղեցիկ կազմվածքով, եղջերու, վիթ: Բարեկազմ, բարեձև՝ ճկուն մարմին ունեցող, վայելչակազմ, ջեյրանի նման (աղջիկ, պատանի): || A kind of deer, gazelle. Slim, slender, with a flexible body, elegant.

ՋԻԳՅԱՐ - Սիրելի, մտերիմ, սրտակից: Գութ, խիղճ, հարազատի նկատմամբ սրտակցություն: || Dear, close, cordial.

ՋԻՎԱՆ - Երիտասարդ, ջահել: || Young.

ՋՈԿ ՄՆԱԼ - Առանձին մնալ, առանձնացած լինել: || Stay separate, be separate.

ՋՈՐԵԼ - Խռովել, նեղանալ: || To be upset, to be offended.
ՋՈՒԽՏԱԿ - Զույգ, երկվորյակ: || Couple, twins.
ՋՈՒՂԱԲ - Լուր, տեղեկություն: Պատասխան: || News, information.

Ս

ՍԱԶ - Արևելյան լարային նվագարան: || String instrument of ashughs.
ՍԱԼԹ - Հենց, միմիայն, միայն: || Exactly, only.
ՍԱՂ - Ամբողջ, ողջ: || Alive, all.
ՍԱՉԵՐ - Երկար հյուսավոր մազեր: || Long braided hair.
ՍԱՎԴԱ - Սեր: || Love.
ՍԱՎԴԱԼՈՒ - Սիրահար, սիրուց տարված: || Lover, obsessed with love.
ՍԱՐԴԱՐ - Գլխավոր, մեծ: || Chief, big.
ՍԵԳ - Դար, բլրոտ, սեզ տեղ: || A hill.
ՍԵՅՐ ԱՆԵԼ - Նայել, դիտել: || To watch.
ՍԵՅՐԱՆ - Ման գալը, զբոսնելը, զբոսանք: Զբոսնելու հաճելի, գեղեցիկ ու հովասուն տեղ: || A pleasant, beautiful and airy place to walk.
ՍԵՖԻԼ, ՍԵՓԻԼ - Թռչունների ձայն՝ աղմուկ: Սեփիլ բայաթի՝ արևելյան մի եղանակ: || The sound of birds - noise. Sefil bayati, a type of eastern melody.
ՍԻՊԵՂ/ՍԻԲԵԽ - Հովանոցավորների ընտանիքին պատկանող բանջարաբույս: || A type of edible wild plant.
ՍՄԲՈՒԼ - Կապույտ թերթիկներով սարի հոտավետ ծաղիկ: Ընդհանուր անուն տարբեր անուշահոտ ու գույնզգույն ծաղիկների: || A fragrant mountain flower with blue leaves. Common name for various fragrant and colorful flowers.
ՍՅՈՒՐԵ, ՍՈՒՐԱՀԻ - Երկար վզով կավե աման՝ գինու, օղու, ջրի և այլ հեղուկների համար: Բարակ՝ նուրբ ու երկար, բարձրուղեշ: *Սյուրեի կլոր մեջքդ՝ նուրբ ու երկար մեջքդ:* || A long-necked clay vessel for wine, vodka, water and other liquids. Thin, delicate and long, high-pitched.
ՍՈՅ - Տեսակ: Տոհմ, ցեղ: || Type. Dynasty, tribe.
ՍՈՎԴԱՔՅԱՐ - Սիրահար: || Lover.
ՍՈՒՐՄԱ - Կապույտ դեղ, որը կանայք քսում են աչքերին, ծարիր: || Antimony, a blue colored cosmetic that women apply to their eyes, try it.

Վ

ՎԱԹԱՆ - Հայրենիք, հայրենի երկիր: || Homeland, native country.
ՎԱԽԹ - Ժամանակ: || Time.
ՎԵՐԱՆԱ - Ամայի, անմարդաբնակ, ավերակ:
ՎՌՇՆԵԼ - Պտտվել, ման գալ: || To ramble, stroll.

Տ

ՏԵՅՄՈՐ(Ի) - Մինչև որ: || Until.

ՏՆԿՈՋԱՆԱԼ - Տարամադրությունը բարձրանալ (խմիչքից): Զուգվել - զարդարվել: || Slightly intoxicated, tipsy, tiddly (mostly from alcohol).

ՈՒ

ՈՒՄՈՒՏ, ՈՒՄՈՒԴ - Հույս: || Hope.

Փ

ՓԱԼԱՍ - Հատակին փռելու հասարակ կարպետ: || A simple floor carpet.

ՓԱՐԱ - Փող, դրամ: || Money.

ՓԵՇ - Զգեստի քղանցք: Լեռան ստորոտ: || The hem of the dress. At the foot of the mountain.

ՓԵՐԻ - Իգական սեռի առասպելական բարի ոգի: Չքնաղագեղ՝ չնաշխարհիկ կին՝ աղջիկ: || A mythical kind spirit of a female. Wonderful, unworldly woman, girl.

ՓՆՋԻԿ - Փունջ: || Bunch.

Ք

ՔԹՈՑ - Ուռերից հյուսած խոր ու մեծ զամբյուղ: || A deep and large basket made of vines.

ՔՅԱՐԱՄ - “Ասլի և Քյարամ” արևելյան ժողովրդական երգախառն սիրավեպի հերոս: || The hero of the "Asli and Kyaram" folk love epic.

ՔՅԱՐԳԱՀ/ՔԱՐԳԱՀ - Փայտե շրջանակ, որի մեջ ձգված ամրացնում են կտորը՝ վրան ասեղնագործելու համար: || A wooden frame with a piece of stretched cloth for embroidery.

ՔՅԱՐՎԱՆ - Քարավան: || Caravan.

ՔՆԱՐ - Հին լարավոր երաժշտական գործիք, որ նվագում էին մատներով կամ փոքրիկ փղոսկրյա փայտիկով: || An old stringed musical instrument played with the fingers or a small ivory stick.

Ֆ

ՖԻՏԱՆ/ՖԻԴԱՆ - Երիտասարդ, գեղահասակ: || Young, handsome.

TABLE OF CONTENTS
ԲՈՎԱՆԴԱԿՈՒԹՅՈՒՆ

From the Publisher	1
To the unforgettable memory of the poet-singer Sheram	3
Avetik Isahakyan's introduction to the first edition (1948)	
Two words	4
Garegin Levonyan's preface to the first edition (1948)	
Բանաստեղծ-երգիչ Շերամի անմոռաց հիշատակին	10
Երկու խոսք	12
Armenian Alphabet Transliteration Table	19

ՍԻՐԱՅԻՆ ԵՐԳԵՐ	21	LOVE SONGS
Ազատ արա վանդակից	22	Azat ara vandakits'
Ազնիվ կանայք	24	Azniv kayak'
Ալ ու ալվան ես հագել	25	Al u alvan es hagel
Աղանադ դուշ ես	27	Alghanad ghush es
Ալվան վարդեր	30	Alvan varder nane jan
Ախ… հիվանդ եմ	32	Akh… hivand em
Ամպերն ելան	33	Ampern elan
Անգութ դատաստան	35	Angut' datastan
Անջիգյար յար	38	Anjigyar yar
Անսահման անչափ	40	Ansahman, anch'ap'
Աչքդ խումար	42	Ach'k'd khumar
Արդեն մութն ընկել է	45	Arden mut'n ynkel e
Արևն ելավ նազով կամաց	46	Arevn elav nazov kamats'
Արտըմ ունիմ՝ քարոտ է	47	Artym unim k'arot e
Գալիս եմ դուռդ	49	Galis em durd

287

Գնա բլբուլ	51	Gna blbul
Դարձի մեկ աշե	52	Dardzi mek ashe
Դու իմ մուսան ես	55	Du im musan es
Եկավ անուշ գարունը	58	Yekav anush garuny
Զալում աղջիկ	59	Zalum aghjik
Զով գիշեր է	61	Zov gisher e
Էդ ոսկեթել մազերդ	64	Ed vosketel mazerd
Էլի երկինքս ամպել է	66	Eli yerkink's ampel e
Էլի էսօր սիրտս կուլա	70	Eli esor sirts kula
Էս իմ սերն է	73	En im sern e
Էսօր Արազն ես գնացել	76	Esor Arazn es gnats'el
Ընդդիմախոսություն	79	Ynddimakhosutyun
Թառը դոշիս	82	Tarry doshis
Թառլան-թառլան	85	Tarrlan-tarrlan
Իմ յարը	88	Im yary
Իմ սիրուհուն	90	Im siruhun
Լե լե յարըմ	92	Le le yarym
Խեղճ հովիվ եմ	94	Kheghch hoviv em
Խնուս գեղի մեջտեղը	96	Khnus geghi mejteghy
Խոր մեծ ծովեր	98	Khor mets tsover
Կայնի մեկ յար սեյր անեմ	101	Kayni mek yar seyr anem
Կապել ես հյուսովդ	103	Kapel es hyusovd
Կոլխոզ աղջիկ	105	Kolkhoz aghjik
Կոկոն վարդերի նման	107	Kokon varderi nman
Հազար էրնեկ	109	Hazar ernek
Հալալ էրա	112	Halal era
Հեյրան- ջեյրան	114	Heyran-jeyran
Ձուկը դրիր խաշեցիր	116	Dzuky drir khashets'ir

Ղանավուզ շապիկ	118	Ghanavuz shapik
Ճանապարհս ընկավ Թիֆլիս	120	Chanaparhs ynkav Tiflis
Մազերդ ոսկեշող	122	Mazerd voskeshogh
Մազերիցդ տուր քնարիս լար հյուսեմ	124	Mazerits'd tur k'naris lar hyusem
Մարալ ջան հեզ արի	126	Maral jan, hez ari
Մարալի պես	129	Marali pes
Մարմինդ գեղեցիկ	131	Marmind geghets'ik
Մեկ արի բլբուլ	133	Mek ari blbul
Մեկն էլ ես եմ շվարած	135	Mekn el es em shvarats
Մի բալա է էս իմ յարը	137	Mi bala e es im yary
Մի նարգիզ դառնամ	140	Mi nargiz darrnam
Յար ջան, հագիր ալերը	141	Yar jan, hagir alery
Յար անղալատ ես	143	Yar anghalat es
Յարո-յարո	145	Yaro-Yaro
Նա մի նազ ունի	147	Na mi naz ouni
Նազ աղջիկ	151	Naz aghjik
Նազլի-նազլի	153	Nazli-nazli
Նախշուն աչեր	154	Nakhshun ach'er
Նամարդ տղա	155	Namard tgha
Շորորա	157	Shorora
Պարտիզում վարդեր բացված	160	Partizum varder bats'vats
Ջան, ջանիդ ղուրբան	163	Jan, janid ghurban
Սարեր կաղաչեմ	166	Sarer kaghachem
Սարի լանջին	169	Sari lanjin
Սեր իմ սիրուն ես	171	Ser im sirun es
Սերիցս էրված	174	Serits' ervats
Սիրելուցս չեկավ նամակ	178	Sireluts's ch'ekav namak
Սիրում եմ քեզ	180	Sirum em k'ez

Սիրուն ես հոգյակ	182	Sirun es hogyak
Սիրուն սիրամարգ	185	Sirun siramarg
Սիրուններ	188	Sirunner
Վարդ ցանեցի	191	Vard ts'anets'i
Տոնածառը կանաչ է	194	Tonatsary kanach' e
Փնջիկ-մնջիկ	195	Pnjik-mnjik
Քեզանից մաս չունիմ	197	K'ezanits' mas ch'unim
Քնքուշ աղավնյակ	201	K'nk'ush aghavnyak
Օլոր-մոլոր	203	Olor-molor

ՏԽՈՒՐ ԱՆՑՅԱԼԻՑ — 207 — FROM A SAD PAST

Ամպը որոտաց	208	Ampy vorotats'
Գարունն եկավ	209	Garunn ekav
Զեյթունցիներ	211	Zeytuntsiner
Զուլալ ջրեր	213	Zulal jrer
Իբրև արծիվ	215	Ibrev artsiv
Լռե երգդ	217	Lrre ergd
Հրաժեշտի երգ	219	Hrazheshti erg
Մալ ու մալաս ջարդեցին	221	Mal u malas jardets'in
Սեֆիլ սոխակ	223	Sefil sokhak
Վշտալույս երգը	225	Vshtaluys ergy
Տաժանավորի երգը	227	Tazhanavori ergy

ԵՐԳԻԾԱԿԱՆ — 229 — SATIRICAL

Աշխարհի լազաթը	230	Ashkharhi lazat'y
Էլի պիտի դու համբերես	232	Eli du piti hamberes
Եկար աշխարհ	234	Ekar ashkharh
Ես ջահել եմ, յարս պառավ	236	Es jahel em yars parrav

Մշակի սերը	238	Mshaki sery

ՊԱՐԵՐ — 241 — DANCES

Համասփյուռ	242	Hamaspyur
Շամամի	243	Shamami
Հեղուշի	244	Heghushi

ՀԱՎԵԼՎԱԾ — 245 — APPENDIX

Աչքդ խումար	246	Ach'kd khumar
Մարալ ջան, հեզ արի	248	Maral djan, hez ari
Անջիգյար յար	244	Anjigyar yar
Նա մի նազ ունի	252	Na mi naz uni
Հալալ էրա	254	Halal era
Մի բալա է	256	Mi bala e
Նազ աղջիկ	258	Naz aghjik
Քեզանից մաս չունիմ	260	Qezanits mas chunim
Շորորա	262	Shorora
Թառլան-թառլան	264	Tarrlan-Tarrlan
Փնջիկ-մնջիկ	267	Pndjlik-mndjlik
Սարեր կաղաչեմ	269	Sarer kaghachem
Հազար էրնեկ	271	Hazar ernek
Էլի երկինքն ամպել ա	273	Eli yerkinqn ampel a
Սիրուններ միք նեղենա	275	Sirunner, mik' neghena
Վարդ ցանեցի	277	Vard tsanetsi

ԲԱՌԱՐԱՆ — 278 — DICTIONARY

SHERAM

Songs with music notation
in Armenian and transliterated English lyrics

Editor in chief, English translations and transliteration Dictionary Sheet music digitization by	A.Matosyan
Cover design by	A.Matosyan
Cover art ornaments by	Armen Kyurkchyan, Hrayr Hawk Khatcherian from Armenian Ornamental Art
Illustrations by	Elisha Leo
Calligraphy by	Ruben Malayan
Poetry Editor	Daniel Roca
Appendix Song transcriptions by	Grigor Arakelyan

© Dudukhouse, 2022

www.dudukhousemusic.com

www.ingramcontent.com/pod-product-compliance
Lightning Source LLC
Chambersburg PA
CBHW081707100526
44590CB00022B/3690
9781777999025